QUARANTA FRUSTATE

LUBNA AHMAD AL-HUSSEIN
con Djénane Kareh Tager

QUARANTA FRUSTATE

La mia ribellione alla legge degli uomini

Traduzione di
FRANCA GENTA BONELLI

PIEMME Voci

Titolo originale: *40 coups de fouet pour un pantalon*

Redazione: *Edistudio, Milano*

I Edizione 2011

20145 Milano - Via Tiziano, 32
info@edizpiemme.it - www.edizpiemme.it

Premessa

La mia non è una storia personale. Non sono stata arrestata, processata e condannata perché sono una giornalista, né perché in Sudan la mia penna mi abbia procurato un po' di notorietà. Nulla di tutto questo: la mia è la storia di uno scandalo.

Di questa storia sono io l'autrice? O gli autori sono loro? Ho infangato il mio onore, dicono loro. L'onore: una questione primordiale presso di noi. Eppure il mio onore non è stato toccato. Anzi, ritengo persino che attualmente sia più alto che in passato, più di quanto sia mai stato.

La mia storia non è la mia storia. È la storia delle quindici donne che sono state arrestate insieme a me, in quel ristorante di Khartoum. Molte di loro sono state frustate quel giorno stesso. La mia storia è quella delle centinaia, migliaia di donne che vengono frustate ogni giorno, ogni mese, ogni anno dopo un processo sommario nei nostri sinistri tribunali dell'ordine e della morale pubblica. Donne che subiscono la pena in silenzio, che si asciugano il sangue colato dalle loro schiene, dalle braccia e si allontanano a testa bassa, con la fronte coperta di rossore. Se ne vanno condannate a morte, alla morte sociale, marchiate da una vergogna che le accompagnerà fino alla fine dei loro giorni. Perché la gente non vuole credere che una donna possa essere frustata soltanto a causa dei suoi vestiti.

Il mio avvocato e il mio incarico all'ONU mi hanno dato la possibilità di non essere processata immediatamente, mi hanno concesso alcuni giorni durante i quali ho potuto prepararmi. Ne ho approfittato per stampare cinquecento lettere, cinquecento inviti fatti pervenire a giornalisti, scrittori, intellettuali, donne. Li ho inviati a coloro che mi appoggiano e a coloro che mi insultano, perché voglio che vedano con i loro occhi i miei accusatori: voglio che ascoltino con le loro orecchie l'atto d'accusa.

Sono processata per aver offeso la morale pubblica, esattamente come le donne arrestate insieme a me. Sono processata come tutte le donne sudanesi che ogni giorno sono arrestate e portate in tribunale. Eppure nessuna di loro ha mai osato sporgere querela.

Per vergogna.

Ormai la mia causa è quella dell'articolo 152 del codice penale sudanese che punisce con quaranta colpi di frusta, con un'ammenda o con entrambe le sanzioni, le donne che, come me, hanno «offeso la moralità pubblica». Si tratta dunque di donne immorali. Pertanto quando, uscendo dal tribunale con la schiena insanguinata dalle frustate, raggiungerò la pubblica via, non susciterò pietà, ma disgusto. Una donna immorale...

Ho commesso un crimine: ho indossato un paio di pantaloni.

Capitolo Uno

I MIEI PANTALONI

«Qual è questo dio che si rallegra quando gli viene offerta una fidanzata, una ragazza che viene gettata nelle sue acque? E come fa un fiume a sposare una donna? E perché una donna accetta di essere gettata in mare? E perché al dio non viene offerto un uomo?»

Queste domande si accavallavano sulle mie labbra, mentre gli occhi dei miei compagni erano fissi su di me, in piedi nel bel mezzo dell'aula, sorpresa io stessa per il mio impeto, stupita per la mia stessa insolenza. Avevamo otto anni e si trattava di una lezione di storia.

La maestra non colse la sfrontatezza delle mie parole: «Piccola mia, erano persone semplici, erano ignoranti. Il loro dio non era che un idolo di pietra...».

Un idolo di pietra! La maestra aveva insistito su questa definizione, la sua risposta era stata soddisfacente, il suo sguardo sincero. Avevo ripreso il mio posto, ancora sbalordita per la mia audacia.

Quasi trent'anni dopo sono di nuovo in piedi, in piedi in mezzo a un'aula gigantesca. Questa volta non mi sono alzata per porre delle domande, ma sono stata presa per essere offerta a un dio, come, prima che a me, è accaduto a decine di migliaia di donne, frustate per compiacere questo dio che non è più un idolo di pietra. Decine di migliaia di donne che hanno taciuto, che hanno pianto in silenzio. Decine di migliaia di donne che non hanno potuto gridare, che non hanno osato ribellarsi: hanno subito e sono state annientate. Io sono stata arrestata, ma ho detto no, ho gridato no. Ho gridato, e nel mio grido ho inglobato la rivolta di tutte coloro che avevano taciuto. Ho gridato, e con il mio grido ho voluto allontanare le fruste che fischiano nell'aria, le corregge che si abbattono sul dorso di tutte le "fidanzate" che mi hanno preceduto.

No! No!

Migliaia di anni sono passati sulla mia Nubia natale, l'Alta Nubia, l'immenso Kush che inizia oltre la seconda cateratta del Nilo, là dove si incontrano i popoli dell'Africa e quelli del Mediterraneo, là dove, per la prima volta, gli uomini hanno offerto un olocausto agli dei. Quel territorio veniva chiamato "Ta Sety", il "Paese dell'arco", e abbondava di ricchezze: l'oro, la "carne degli dèi", l'enigmatico "fuoco solidificato", l'ebano, l'avorio, gli struzzi, il rame, l'argento. Attirava la cupidigia dei conquistatori e i faraoni lo offrirono ai loro dèi, coprendo le sue terre fertili di Templi di milioni di anni.

Le sponde del Nilo ricordano ancora le antiche feste per l'inizio della piena? Sotto il soffio infuocato del deserto, il dio, vestito di tutto punto, profumato, portato dai sacerdoti con il corpo cosparso di unguenti preziosi, scortato dagli scribi, dai musici, dai notabili, dalla folla dei mendicanti, si fermava davanti al fiume dove lo raggiungeva suo figlio, il figlio di Ra. Ed ecco che la più bella figlia di Nubia avanzava in mezzo ai sacerdoti, tra preghiere e canti di lode. La fanciulla più bella veniva offerta a questo dio per placare la sua collera: gettata nel fiume, sposata al fiume.

Il dio se ne rallegrava. Se ne rallegrava a tal punto che ogni anno inviava al faraone e al suo popolo la propria benedizione, li colmava di ogni bene, donava loro la fertilità della terra e la fecondità del regno. E stranamente, al termine della stagione secca, il Nilo si gonfiava, trasportava il prezioso limo che copriva le sponde di fertile terra nera pronta ad accogliere le sementi. Una donna veniva offerta al fiume affinché, nelle sue acque, si riflettesse il verde dei raccolti. Una donna veniva sacrificata in mezzo al tripudio generale.

È venerdì, giorno di riposo in Sudan come nella maggior parte dei paesi musulmani. Venerdì 3 luglio. Sono quasi le nove di sera. A malincuore lascio la calda atmosfera di una riunione di famiglia. Bisogna organizzare il matrimonio di mia cugina. La festa dovrà essere sfarzosa e da settimane io ho promesso di scegliere e prenotare la sala in cui sarà organizzata. La data si avvicina, perciò salgo in macchina, e in neanche mezz'ora raggiungo Al-Ryadh, il quartiere chic di Khartoum e il suo nuovo ristorante alla moda, Oum Kalthoum.

Il posto mi piace per la sua atmosfera accogliente. Niente lusso vistoso, ma un ampio patio con il pavimento di marmo e un tetto di legno e tela, cui sono appese ghirlande luminose di tutti i colori. È frequentato giorno e notte da giornalisti e scrittori che si sistemano comodamente sulle sue poltrone di bambù e chiacchierano sotto i suoi enormi ventilatori, attorno a una tazza di tè. Talvolta li raggiungo uscendo dalla sede dell'ONU presso cui lavoro, ormai da due anni, nel dipartimento della comunicazione. Lavoro all'ONU da quando sono stata costretta a lasciare il giornalismo.

Ma, il venerdì sera, Oum Kalthoum è riservato alla festa orientale. Scopro un ambiente nuovo: ci vanno le famiglie, ci vanno i bambini, i vecchi, i giovani e i meno giovani per applaudire Mohammed Charkaoui, giovane cantante egiziano divenuto abilissimo nel reinterpretare i grandi successi della musica araba. Non è il momento migliore per prendere accordi sulla festa di matrimonio. La musica deborda fin sul marciapiede, nel patio sono stati moltiplicati i posti a sedere per accogliere quasi quattrocento persone. Si odono scoppi di risa, i bambini saltellano ai piedi del palco e fin sotto i tavoli, e i grandi si divertono. Le donne sono belle nei loro abiti cangianti, sotto i loro veli gettati disinvoltamente attorno alla testa.

Do un'occhiata ai miei vecchi pantaloni troppo ampi, allo scialle pesante con cui ho coperto i capelli, raccolti in fretta. Il direttore dell'Oum Kalthoum sorveglia la sua gente con la coda dell'occhio. I genitori della sposa avrebbero dovuto raggiungermi al ristorante, invece mi hanno preceduta e se ne sono già andati. Mi sistemo in fondo alla sala, accanto alla cassa. Aspettando che la serata giunga al termine, mi lascio trascinare dall'allegria generale; dalle melodie egiziane si passa improvvisamente a un'indiavolata *dakbé* libanese. Dal pubblico si fanno avanti alcuni danzatori, seguendo Charkaoui. Si tengono risolutamente per la spalla, con i talloni battono ritmicamente il terreno, si accovacciano, si rialzano di scatto, dondolano una gamba in avanti, volteggiano. Quello spettacolo mi affascina. A cosa mi fa pensare? Ma certo! È esattamente la danza tradizionale dei Chaikia, una tribù araba del Sudan settentrionale!

In quale istante mi sono resa conto che la musica si era interrotta, che i danzatori si erano bloccati di scatto, che le risate e gli applausi erano cessati? Mentre sviluppavo nella testa la mia tesi sulla somiglianza tra la danza chaika e quella libanese? Mentre chiamavo i miei amici per far loro ascoltare la musica e raccontare la mia serata?

Il mio sguardo segue quello della mia vicina e si sposta da un capo all'altro della sala. Uno, due, tre, dodici poliziotti hanno preso posizione tra i tavoli: sei gruppi, ciascuno costituito da due agenti. Scrutano gli spettatori. Stanno cercando un ladro, un criminale? Li vedo avvicinarsi a una donna, intimarle un ordine. La donna si alza, fa tre passi, distinguo appena la sua silhouette nella penombra della sala. Torna al suo tavolo, riprende il suo posto. Altre due donne ricevono lo stesso ordine: si alzano a loro volta, fanno tre passi, vogliono tornare al loro posto, ma viene loro impedito sgarbatamente e sono spinte contro il muro che prolunga l'ingresso dell'Oum Kalthoum. Non ho visto avvicinarsi i due uomini che ora mi affiancano. Li sento senza vederli.

«In piedi!» mi abbaia contro uno.

«Vieni avanti!»

Non rifletto, ubbidisco. Loro esitano, ringhiano di nuovo.

«Laggiù!»

Laggiù vuol dire contro il muro. Continuo ad avanzare, come un automa. Mi appiattisco contro il muro. I presenti assistono, muti, a questo strano balletto di donne. I bambini, che fino a pochi minuti prima correvano sotto e tra i tavoli, si sono rifugiati tra le braccia dei genitori. All'improvviso, assistono a una rappresentazione in grandezza naturale di "guardie e ladri". Le "guardie", i "buoni" sono certamente i poliziotti armati. Ma allora chi sono i "ladri", i "cattivi"? Le loro mamme? Questo spettacolo mi sconvolge. Giro la testa verso sinistra, verso l'uscita, e vedo che la strada, bloccata da due camionette della polizia, è affollata dagli sfaccendati che si alzano sulla punta dei piedi per non perdersi neppure una briciola di questo spettacolo improvvisato.

Adesso siamo quindici, quindici donne venute per far festa, per la maggior parte con la famiglia, con mariti, genitori, suoceri, figli. Quindici donne allineate contro un muro, esposte al pubblico ludibrio. A meno che non si tratti di una "candid camera". L'idea mi diverte, quasi sorridendo guardo i dodici poliziotti che hanno finito il loro giro di ispezione e che ora sono davanti a noi. Sorrido ancora immaginandomi di sfilare sulle passerelle di Parigi o di New York. La mia statura è quella giusta, un metro e settantadue. Forse ho qualche chilo di troppo? Solo un dettaglio. Quanto ai miei abiti, meglio non pensarci. I pantaloni sono talmente larghi da essere informi e lo scialle sembra un telo da bagno. Non ho pensato di cambiarmi prima di recarmi all'Oum Kalthoum, altrimenti mi sarei messa i pantaloni nuovi, che sono aderenti, e un velo leggero posato su una pettinatura perfetta. Istintivamente mi stringo lo scialle attorno alla testa per nascondere i capelli pettinati alla meglio: la pettinatura di un venerdì in famiglia.

La festa è finita. In mezzo ai gendarmi, quindici "ladri" camminano in fila indiana percorrendo lentamente i pochi metri che li separano dall'uscita. Poi si fermano sul marciapiede perché la folla di sfaccendati, tenuta a breve distanza dalla polizia, possa godersi anch'essa lo spettacolo di un defilé gratuito. Riconosco qualche viso famigliare, incrocio qualche sguardo di incoraggiamento. Amici, lo spettacolo non è terminato. Guardateci in questa camionetta in cui siamo ammassate, sedute sul pavimento, ai piedi di uomini armati che si rivolgono a noi sgarbatamente. Guardate questa donna che tenta invano di raggiungerci, che si solleva la gonna per venire con noi, per salire insieme alle sorelle che indossano i pantaloni. Grida, piange, piangono anche le sue sorelle. Viene allontanata brutalmente.

«Indietro!»

Amici, guardateci bene, guardateci tra le sbarre, guardate queste donne che hanno violato la legge. La camionetta si allontana facendo un baccano spaventoso. Ci guardano ancora.

Non abbasserò la testa. Perché mai dovrei abbassarla? Sono pubblicamente umiliata, ma non provo vergogna. Le lacrime delle mie compagne di sventura mi irritano. Perché piangono? Invano cerco di essere indulgente, ma devo far tacere questi pianti. Ci provo con le buone, intanto però le rimprovero. Ricevo un primo colpo sulla testa, poi un secondo.

«Smettila!»

L'ordine è perentorio, ma io alzo la testa. Guardo il cielo e non vedo che il poliziotto chino su di me con la mano alzata, pronto a colpirmi ancora. Lo guardo negli occhi. Lo sfido troppo? Tra le mani stringo il telefonino. È spento. L'ho spento al ristorante, nel momento stesso in cui sono stata spinta contro il muro. Così vuole la legge. Il poliziotto allunga la mano per prendermi il telefono, il mio unico legame con il mondo. Mi ci aggrappo con tutte le forze. Non so che ora sia, non so quanta strada abbiamo percorso. Il cellulare non resiste a questo braccio di ferro. Come in un brutto film, lo vedo prendere il volo, sfasciarsi, finire a terra in vari pezzi. Con un gesto colmo di derisione, raccolgo il guscio, la batteria. Cerco la SIM: è sparita. La cerca anche il poliziotto negli interstizi del pavimento.

«Dammela! Ubbidisci! Vuoi ribellarti?»

I colpi si abbattono sulla mia testa. Quella SIM non l'ho più trovata.

Passiamo davanti a un primo commissariato, poi a un secondo, senza fermarci. La camionetta avanza lentamente, con il suo carico di donne, per le strade di Khartoum. Il caldo è soffocante, facciamo fatica a respirare. Siamo ammassate in fondo al veicolo, strette le une alle altre. La mia spalla è intorpidita, schiacciata sotto il peso della mia vicina, ho le formiche alle gambe. Non posso muovermi. I poliziotti si agitano, l'autista frena, le porte si aprono. Questa volta ci fermiamo. Grida di donna, rumori sordi che scuotono la carrozzeria, qualcuno si dibatte. Un *hijab*, una donna correttamente vestita secondo la morale islamica, e dunque con velo regolamentare e gonna lunga fino a terra, si unisce a noi. «Una puttana» esclama il poliziotto vedendo i nostri sguardi sbalorditi, rafforzando la parola volgare, che pronuncia in sudanese, con una smorfia sprezzante. Una puttana? Oppure una donna che stava rincasando tardi dal lavoro, o faceva un salto alla drogheria vicino a casa? È livida, non parla, non piange. Arrestata per prostituzione, per lei non c'è scampo. Non avrà processo, ma solo una parvenza di giudizio, una farsa. E una condanna che la tormenterà per tutta la vita, iscritta a lettere di fuoco sulla sua fedina penale: «Prostituta».

«E quello là, non lo arrestate? Con i capelli lunghi e una camicetta da donna è ancora più equivoco di me con addosso i pantaloni.»

Il nostro carceriere non si degna di rispondermi. Smetto di guardare lo spettacolo offerto dalla strada, ho un attacco di nausea. Chiudo gli occhi, appoggio la fronte alle ginocchia, sento gli sguardi degli uomini sulla nuca, sulla schiena. La schiena che ben presto pagherà il prezzo della mia insolenza.

Decine di donne affollano il commissariato per l'ordine pubblico dove veniamo fatte scendere, le mie compagne e io, nel cuore della notte: il bottino di una notte d'estate nella capitale sudanese. Questo dipartimento è stato creato, all'inizio degli anni Novanta, espressamente per punire coloro (donne e uomini) che offendono la morale pubblica. O perlomeno, la morale così come viene considerata dalle autorità sudanesi e definita dall'articolo 152 del codice penale del 1991: «Chiunque, in un luogo pubblico, commette un atto osceno o contrario alla morale pubblica, o indossa un abbigliamento indecente o contrario alla morale pubblica, o che urta la sensibilità pubblica, sarà punito con una pena che non potrà superare i quaranta colpi di frusta, o con un'ammenda, o con entrambe le sanzioni. Un atto è contrario alla morale pubblica se è considerato tale in virtù della fede religiosa della persona, o dei costumi del paese in cui l'atto viene compiuto».

Questo articolo viene tuttavia applicato a tutti i sudanesi, indipendentemente dalla loro religione: la popolazione sudanese è composta approssimativamente dal 62% di musulmani, dal 22% di animisti e dal 16% di cristiani. Viene applicato a tutti i sudanesi, a prescindere dalla tribù di appartenenza: il nostro popolo è costituito da trecento tribù, prevalentemente africane al sud e prevalentemente arabe al nord. Non viene applicato in base alla loro religione o alle loro usanze, ma secondo criteri misteriosi, vaghi, indefiniti, criteri che dipendono esclusivamente dall'umore e dall'arbitrio dei poliziotti. Che significa abbigliamento indecente? La definizione è soggettiva, ciascuno ha la propria. Un *hijab* che lascia scoperto il collo? Una gonna che lascia intravedere la parte alta delle caviglie? E dove comincia la parte alta delle caviglie? Un paio di pantaloni? Quale mise può essere considerata "decente"? L'articolo 152 è redatto in un modo che rende impossibile determinare dove finisce la decenza o dove incomincia l'indecenza. È scritto in modo tale che ogni donna che esce di casa non può mai essere certa di rientrarvi senza passare per il "commissariato dell'ordine pubblico", ovvero senza che una macchia indelebile sia impressa sulla sua fedina penale.

Peraltro, sembra che ci siano dei dubbi quanto alla nostra conformità con il concetto poliziesco di pudore. Siamo di nuovo allineate contro un muro. Siamo dunque quindici indossatrici, riunite a Khartoum da un grande sarto, esaminate da una decina di uomini armati. Ci giudicano una dopo l'altra, ci ordinano di venire avanti, di andare indietro, si consultano. Che commedia! Sei di noi sono escluse dal novero delle scostumate. In base a quale criterio? Non lo so, certamente non lo saprò mai. Le guardo allontanarsi, ancora titubanti; perché sono dichiarate non colpevoli? Abbasso gli occhi, esamino le nove paia di gambe che restano allineate contro il muro. Nove paia di pantaloni. Taglio classico. Nove corpi di reato. Guardo le paia di gambe liberate, e non vedo i pochi centimetri in più di stoffa che spiegherebbero la non colpevolezza...

Sono senza telefono, così come tutte le mie compagne

di sventura, e dunque priva di qualsiasi contatto con il mondo esterno. Le nostre famiglie sono certamente stravolte dall'angoscia. Altre quattro donne, anch'esse ovviamente con i pantaloni, vengono fatte allineare accanto a noi. Sono appena state catturate in strada. Mi avvicino a due adolescenti, che senza dubbio prendevano il fresco vicino a casa, in cerca di un minimo di refrigerio nell'inferno dell'estate sudanese. Sono due giovani cristiane provenienti dal Sud, come le migliaia di immigrati e di profughi venuti a stabilirsi nella capitale. Nessuna di loro ha dubbi su ciò che l'aspetta. Probabilmente non ne parleranno mai con nessuno. Sono accovacciate contro il muro, terrorizzate, murate nelle loro lacrime, nel loro silenzio. Forse pensano al loro Sud, dove il Sudan non è più arabo, ma semplicemente africano, dove le tradizioni tribali, tuttora in vigore nei loro villaggi, impongono tutt'al più un minuscolo perizoma per coprire la propria nudità? Siamo state arrestate perché portiamo i pantaloni! Invece di investire nelle scuole o negli ospedali, lo stato preferisce finanziare un servizio d'ordine, con tanto di unità di polizia e di tribunali, per sorvegliare il nostro abbigliamento. Lugubre commedia!

Conosco bene il Sud per esserci andata spesso quando facevo la giornalista. Nel 2001 avevo accompagnato il ministro dell'Energia a Rabkona, nel distretto dell'Unité, per inaugurare una nuova installazione petrolifera. Si trattava di una cerimonia ufficiale, con tappeti rossi e un servizio d'ordine al gran completo. E a pochi metri di distanza, un torrente da cui una vecchia, nuda come quando era nata, nuda come è usanza nella sua tribù, attingeva acqua; nuda esattamente come un uomo che, con un arpione, pescava i pesci da cuocere a cena, come da secoli si fa nella sua tribù. Era il momento delle celebrazioni, non degli attriti con i villaggi indigeni, e dunque il ministro e il suo seguito, pur così severi in fatto di decenza, passarono oltre e ordinarono ai poliziotti di fare altrettanto. In compenso, gli appunti che prendevo febbrilmente non ebbero la fortuna di essere apprezzati: fui esclusa dalla delegazione e su due piedi rispedita a Khartoum, insieme ai miei appunti.

Nel 2005, in virtù degli accordi di pace firmati tra il Nord e il Sud del Sudan (accordi che ovviamente comprendevano lo sfruttamento, da parte del governo, dei pozzi petroliferi) le popolazioni del Sud furono autorizzate a mantenere le proprie usanze, anche in fatto di abbigliamento. Ma a questa legge ne fu aggiunta un'altra: è vietato guardarli...

Al commissariato dell'ordine pubblico, questa notte, siamo una folla eterogenea: borghesi in pantaloni; fumatrici di "*chicha*", nome che noi diamo al narghilè, il cui uso è rigorosamente riservato ai maschi; fabbricanti clandestine di alcol di datteri e di mais (da quando, nel 1983, è stata introdotta la *sharia*, in Sudan l'alcol è vietato); venditrici di tè. Vendere tè è un'attività molto popolare a Khartoum, attività in cui migliaia di poveracce, venute dalla provincia, investono qualche soldo nell'acquisto di un tavolo sgangherato e di qualche braciere. Poi, con due sedie e un tappeto, improvvisano una sala da tè sotto un albero ed evitano che i famigliari muoiano di fame. Per pochi spiccioli servono caffè allo zenzero o tè al cardamomo, e non conosco sudanese, povero o ricco, che non sia un habitué di questa istituzione. Le venditrici di tè, comunemente chiamate "signore del tè", non possiedono alcuna licenza, anche perché non esistono licenze di questo genere. Così, di tanto in tanto, il loro materiale viene confiscato, e loro vengono arrestate e frustate per aver offeso la morale pubblica. Le frustate vengono inflitte con funi, con corregge di cuoio o di plastica, oppure nel modo più classico, con frustini fatti con cuoio di ippopotamo, più duro dell'acciaio. Penalmente la loro posizione si aggrava, ma hanno forse altra scelta che non sia investire in un nuovo tavolo e in un nuovo fornelletto?

Approfitto di un momento di distrazione dei carcerieri per far scivolare qualche moneta e un numero di telefono nelle mani di un bambino, incaricato di portare il tè ai poliziotti. Gli sussurro il mio nome, mi risponde con un sorriso d'intesa. Evidentemente è abituato a questo tipo di sotterfugi. So che chiamerà Hanadi, una mia vecchia amica, perché non voglio spaventare la mia famiglia.

In effetti, Hanadi arriva in fretta, accompagnata dallo zio. Dal momento del mio arresto sono passate una decina di ore. Non ho dormito, non ho mangiato, non mi sono cambiata. Li accolgo come il messia, soprattutto questo zio, una persona autorevole che si offre di garantire per me, cosa che mi consente di restare fuori da questo commissariato fino all'indomani, domenica, primo giorno della settimana, quando riprenderà l'attività giudiziaria.

Attività giudiziaria? Il termine è decisamente troppo pomposo per indicare un giudice islamico, assistito dal responsabile della brigata che ha arrestato le tredici "criminali", costrette a salire lo scorso venerdì sera sulle traballanti camionette della polizia sudanese. Tredici criminali che compaiono, tutte insieme, in uno stanzone vicino al commissariato. Due uomini completano la scena: due avvocati. Il primo è stato contattato dalla famiglia di due sorelle, due compagne di sventura arrestate all'Oum Kalthoum. Il secondo è stato mandato dalla sede delle Nazioni Unite per difendere me.

Poiché disponiamo di avvocati difensori, saremo giudicate per ultime. Sono colta da una strana sensazione, la sensazione di essere un cadavere che sta per essere sezionato da un giudice e da un poliziotto. Ho il dovere di essere forte, ho il dovere di sostenere moralmente le mie compagne, di incoraggiarle. Ho il dovere di sorridere. Ce la faccio fino a quando la più giovane di noi entra nella gabbia degli accusati. È una ragazzina di sedici anni; non piange, ma trema e si paralizza. Ai suoi piedi si forma una pozza: come una bambina, si è fatta la pipì addosso. Mi rendo conto di essere scoppiata a piangere per via delle lacrime che mi bagnano le mani.

Quello che inizia è uno spettacolo teatrale. Sipario!

«Con il comportamento indecente hai offeso la moralità pubblica, hai indossato i pantaloni, hai ferito i sentimenti della gente. Lo ammetti? Se ti dichiari colpevole e giuri di non farlo più, la pena sarà ridotta a dieci frustate. Se ti ostini nella tua indecenza, sarai condannata a quaranta colpi di frusta.»

Una dopo l'altra le accusate si fanno avanti. Una dopo l'altra ascoltano l'atto di accusa. Una dopo l'altra sono riconosciute dal poliziotto, unico testimone autorizzato, che conferma: «Sì, è lei».

Una dopo l'altra, con la gola chiusa dalle lacrime, paralizzate dall'emozione, si dichiarano colpevoli. Una dopo l'altra, vengono accompagnate nella stanza vicina. Una dopo l'altra, sono crocifisse davanti a un muro sporco di vomito e di sangue, saldamente tenute da due energumeni. Una dopo l'altra curvano la schiena. Non vedono la loro aguzzina, una donna che brandisce la frusta con rabbia. Una dopo l'altra, subiscono il castigo: dieci colpi di frusta. L'aguzzina deve godere della stima dei suoi superiori, a giudicare dalle urla di dolore che strappa alle colpevoli.

«Con il comportamento indecente hai offeso la moralità pubblica, lo ammetti?»

Il poliziotto si rivolge a me, ma prima che il giudice prenda la parola il mio avvocato lo interrompe: «Obiezione!».

Perché lo ha interrotto? Tocca a me rispondere! Ma l'avvocato non mi lascia intervenire e si lancia in un'arringa, sfoglia il suo dossier, brandisce trionfalmente un foglio: «In virtù del SOFA, l'accordo stipulato nel 2005 tra le Nazioni Unite e il Sudan circa lo status della missione dell'ONU in Sudan, questo processo non è valido. Il SOFA si applica al personale locale, e voi avreste dovuto informare preliminarmente la missione dell'ONU, come nel caso di qualsiasi infrazione commessa da un membro della missione. Chiedo dunque l'immediato rilascio della mia cliente».

Il giudice decide di consultare i suoi superiori e io sono nuovamente convocata per l'indomani. Questa volta dovrebbe essere una donna a occuparsi del mio caso. Una donna che tengo d'occhio invano: questo lunedì la polizia è impegnata in una retata, una retata di fumatrici di *chicha*. Peraltro, nessuno fa attenzione ai miei pantaloni ed è con una certa cortesia che mi si chiede di tornare il giorno dopo, il martedì. È un curioso processo quello che mi aspetta.

Il martedì le regole del gioco sono cambiate: «Capisce che è impensabile che una donna si occupi del suo caso. Incaricheremo un uomo della controinchiesta. Aspetti un momento; certamente nella stazione di polizia ci sarà un agente disponibile».

Non capisco, ma non mi stupisco più. Non mi stupisco neppure quando scopro che la controinchiesta sarà condotta proprio da colui che mi aveva arrestata, quattro giorni prima. Costui ripete le solite domande: il mio nome, la mia età, il mio indirizzo. Mi chiede se mi dichiaro colpevole, nel qual caso sarò punita "soltanto" con dieci frustate. Mi ostino a non voler dichiarare il nome della tribù cui appartengo: «Sono sudanese, punto e basta».

«Se sei sudanese, perché porti i pantaloni?»

«Perché sono comodi, perché con i pantaloni sono a mio agio. Ne ho parecchi, li porto più spesso della gonna.»

«È proibito» ribatte.

Come se non lo sapessi!

«Non sono un caso unico. Delle 43.000 donne che, soltanto nel 2008, avete arrestato per offesa alla morale pubblica, la maggior parte è stata condannata perché portava i pantaloni, sebbene fossero ampi. Le avete frustate per un paio di pantaloni. La loro fedina penale presenta una macchia indelebile: "Offesa all'ordine pubblico e alla morale". Per un paio di pantaloni...»

«È la legge, la legge islamica, la *sharia*.»

Mi infurio, pur sapendo che non faccio che aggravare la mia posizione.

«Amico mio, tu sei un poliziotto, parliamo dunque della polizia. Forse ne facevi parte già prima del 1989 e del colpo di stato di Al-Bashir. Ti ricordi delle tue colleghe? Portavano la stessa divisa che porti tu, gli stessi pantaloni e la stessa camicia con le maniche corte. Era scandaloso? Allora vuol dire che la nostra polizia aveva un abbigliamento scandaloso...»

«Tu cambi discorso. Le tue amiche sono state frustate, tu pensi di avere buon gioco e di poter parlare perché ti nascondi dietro la tua immunità di dipendente dell'ONU. Avresti dovuto essere frustata come loro, ma sei riuscita a sfuggire alla legge. Per adesso.»

«Non mi rifugio dietro un bel niente, mi batto contro una legge anticostituzionale.»

«Ma... io applico la legge» risponde visibilmente sbalordito.

In questa conversazione stavo cominciando ad avere la meglio. Intravedevo la breccia che si stava aprendo.

«Tu hai il dovere di applicare la legge, ma io ho il dovere di battermi contro questa legge, perché è ingiusta, perché si tratta di una legge che dipende dall'arbitrio del poliziotto. Tu hai condotto l'inchiesta una prima volta, tu mi hai arrestata ed ecco che ti viene affidata la controinchiesta. Vuoi che vediamo insieme dove sta l'errore?»

«Non cercare di fare la furba. Nonostante la tua immunità, ti farò processare dal tribunale dell'ordine pubblico. L'avrai il tuo processo, come le altre. Alla faccia dell'ONU.»

So che l'ONU interverrà e annullerà il processo. Ma ormai questo processo io lo voglio. Lo voglio perché voglio battermi contro una legge iniqua di cui sono vittime le donne del mio paese.

Lì, davanti a questo poliziotto comodamente seduto alla sua scrivania, è scoppiato "il caso Lubna al-Hussein".

Capitolo Due

OMDURMAN, UN'INFANZIA SUDANESE

«Della nostra famiglia, chi mai è morto nella terra che lo ha visto nascere?»

È quello che mi diceva mia nonna, la mia dolce *habouba*, la mia carissima *habouba*, per cercare di consolarmi.

Avevo nove anni e piangevo mio padre.

Papà è nato nel 1924, nella città di Abiad, in Sudan, ed è morto a Medina, la città santa dell'islam, dove è stato sepolto prima del tramonto del sole. Sua madre, mia nonna, che apparteneva alla tribù sudanese dei Badirya, è stata sepolta ad Abiad. La mia *habouba*, la madre di mia madre, è nata alla Mecca, ma la sua famiglia è originaria del paese dei Chanakit, la Mauritania. Suo marito, il mio nonno materno, Saad Maamari, veniva dallo Yemen ed è morto a Wad Madani, in Sudan.

Io sono nata a Omdurman, la città gemella di Khartoum, là dove si congiungono il Nilo Bianco e il Nilo Azzurro. Non so dove morirò. Come i due Nilo che, in Sudan, si uniscono per dar vita al fiume che prosegue il suo cammino attraverso l'Egitto fino al Mediterraneo, sono frutto di un meticciato. Le mie origini sono diverse quanto quelle di quei pellegrini che, provenienti dal Maghreb, dalla Mauritania o dall'Africa più profonda, fino alla metà del secolo scorso attraversavano il mio paese a piedi o a cavallo per raggiungere la costa. Arrivati a Port Sudan si imbarcavano su battelli e navigavano sul Mar Rosso fino a Jeddah. Di lì proseguivano il loro viaggio verso l'Hijaz, la terra sacra, la terra su cui sorgono La Mecca e Medina, per compiere l'*haji*, il pellegrinaggio. Chissà se era lungo il viaggio di andata che decidevano di posare i loro bagagli in Sudan o lungo quello di ritorno. Gli abitanti riservavano una buona accoglienza, arrivando talvolta persino a offrire loro le cariche più prestigiose. Per esempio, nel 1953, un tale della Mauritania fu ritenuto la persona più competente per presiedere il primo parlamento sudanese. Non era per orgoglio né per sfida che Mohammed Saleh Chanakiti portava la sua Mauritania, il paese dei Chanakit, nel proprio nome; al contrario rendeva omaggio all'ospitalità dei suoi ospiti i quali, ritenendo che gli immigrati fossero dei sudanesi come gli altri, li indicavano in base alla tribù di appartenenza: chanakiti erano coloro che venivano dalla Mauritania, magrebini quanti provenivano dal Nord Africa. Due tribù a pieno titolo, due delle trecentocinque tribù; tribù autoctone, esattamente come i greci, gli ebrei o i turchi, di cui nessuno metteva in dubbio la "sudanesità" o la lealtà al paese. Qui nessuno era considerato "uno straniero".

Nelle mie vene scorre sangue arabo e africano. Sono una sudanese della tribù dei Badiriya, quella del nostro primo presidente della repubblica, ma sono anche yemenita e mauritana, e tramite i miei antenati in me si mescolano mille altre etnie. Appartengo a tutti questi popoli, a quelli che talvolta vengono chiamati, senza malizia, i "degni" e i "neri" Sono contemporaneamente "degna" e "nera". Sono anche il frutto dell'incrocio tra gli aristocratici e il popolino, tra i ricchi e i poveri. Sono cresciuta in mezzo agli uni e agli altri; e sia dagli uni sia dagli altri ero considerata una di loro.

Dei miei primi anni conservo soltanto ricordi confusi. Ero la maggiore dei figli di mia madre; tuttavia mio padre aveva già tre maschi, nati dalla prima moglie. Mia madre era la moglie preferita, ed era lei che lo accompagnava nei suoi frequenti viaggi, dapprima in Sudan, dove si occupava di compravendita di prodotti agricoli, e poi in Arabia Saudita, dove iniziò a dedicarsi al commercio di bestiame. Talvolta si recavano insieme in altri paesi della regione, e addirittura in Inghilterra e ad Atene.

Mia madre ci parlava delle usanze di questi paesi lontani, della nebbia e del freddo, delle strane abitudini delle donne che facevano "bagni di sole", un sole pallido, più pallido del nostro sole invernale, i cui raggi "ferivano" quanto quelli della luna. Insieme a loro ho vissuto per due anni a Jeddah, dove mio padre aveva affittato un appartamento. In quell'appartamento, da cui non uscivamo quasi mai, mi sembrava di soffocare e non facevo che sognare la nostra casa di Omdurman e i vasti campi dei dintorni.

Quando arrivò l'età di andare a scuola, mi stabilii definitivamente in casa della mia *habouba*, presso cui vivevano anche mia zia, che era vedova, e i suoi cinque figli. Nel frattempo mia madre aveva messo al mondo altri due figli, un maschio, Tarek, e una femmina, Rabab. Fino a quando non ci raggiunsero a Omdurman, io ero la più piccola della casa, la più coccolata, la più viziata, la preferita. La casa traboccava di calore e di amore, ed io ricevevo tonnellate di tenerezza.

Sono entrata nella scuola pubblica Mohammed Soliman, vicinissima alla nostra casa del quartiere di Arda, che sapevo già leggere. Era stata la mia *habouba* a insegnarmelo. Il vero nome della mia *habouba* era Maryam Bint el Cheikh, ovvero "Maria la figlia dello sceicco". Suo padre, Bakri Chanakiti, mauritano, apparteneva infatti a un'antica stirpe di sceicchi, letterati che percorrevano la penisola arabica e che erano stimati per il loro sapere. Attraversavano le città, i villaggi e gli accampamenti, e ovunque davano e ricevevano sapere. La nonna non era mai andata a scuola, ma sapeva leggere e scrivere e conosceva a memoria il Corano. Mi insegnò l'alfabeto e le sure, i versetti del Corano.

È *habouba* la donna che ha lasciato l'impronta maggiore sulla mia vita. Era alta, snella, non proprio bella, ma intelligente e dotata di una forte personalità. Apprezzava poco le visite dei vicini e le chiacchiere e i pettegolezzi delle comari, e limitava la sua vita sociale allo stretto indispensabile, ovvero a eventi importanti e imprescindibili: le cerimonie legate alla nascita e alla "purificazione", i matrimoni e i funerali. Cosa poco comune, si era sposata quattro volte e quattro volte si era ritrovata vedova o divorziata. Io discendevo dall'unione con il suo terzo marito, uno yemenita stabilitosi a Wad Madani. In lei gli uomini non trovavano soltanto una moglie, ma una vera compagna, un'alleata, una partner a pieno titolo. Dopo il quarto matrimonio con un sudanese, mia nonna si era lanciata nel commercio delle essenze, come il muschio o l'ambra, che importava dall'Arabia e immagazzinava in casa nostra, che pertanto era costantemente impregnata di questi profumi inebrianti.

Il commercio all'ingrosso era un'attività insolita per

le donne del mio paese, che preferivano dedicarsi ad attività commerciali al dettaglio, sui mercatini. Ma *habouba* aveva scelto un "lavoro da uomo". Talvolta mi permetteva di accompagnarla nei suk di Omdurman dove consegnava la sua merce; io l'osservavo contrattare e incassare il denaro con cui manteneva la sua famiglia.

Eravamo ricchi o poveri? Non lo so.

Ricchi e poveri facevano la stessa vita e portavano gli stessi abiti, non esisteva il superfluo, non c'erano beni di lusso che si potessero acquistare, pertanto i ricchi, non sapendo che farsene del loro denaro, lo donavano ai poveri. Abitavamo in una casa tradizionale, di fango essiccato rivestito di argilla rossa, come la maggior parte delle altre case. Ogni anno, prima della stagione delle piogge, facevamo venire degli operai che la ricoprivano di uno strato di paglia e di sterco bovino. Così era protetta dalle intemperie. Era una casa modesta, dove non godevamo certamente dell'intimità cui sono abituati oggi coloro che abitano in città. Noi vivevamo "collettivamente", condividevamo gli stessi armadi, le stesse coperte, gli stessi letti. Formavamo un'unica famiglia, senza alcuna distinzione tra fratelli e cugini. Spesso dormivamo sotto le stelle. A dire il vero, ancor oggi preferisco dormire con il cielo come tetto e nella mia casa di Khartoum, il mio letto è in giardino. Ci resta persino d'inverno, quando, di notte, la temperatura si avvicina ai dieci gradi: mi avvolgo in una pesante coperta e respiro la libertà. Ovviamente, quando piove o quando ci sono costretta, passo le notti in camera, ma non mi ci sento a mio agio.

A Omdurman, verso le tre o le quattro del pomeriggio ci riunivamo nella stanza principale per pranzare tutti insieme. Era un rituale immutabile e prima di iniziare aspettavamo sempre i ritardatari. Mia nonna appoggiava direttamente sul tappeto un grande vassoio su cui metteva le gallette di mais, il piatto del riso, le patate, la carne, persino dei "gombo", delle cipolle e qualche pomodoro. Mangiavamo tutti nello stesso piatto, inzuppando il pane nel sugo e confezionando, direttamente sul palmo della mano, delle palline di riso che insaporivamo con peperoncino. Il menu era pressoché identico ogni giorno e in tutte le case. La vita era semplice e facile.

Quando mio padre tornava dai suoi viaggi, si divideva tra la nostra casa e quella dell'altra moglie, che abitava con i suoi figli a poche centinaia di metri da casa nostra. I suoi figli erano più grandi di me e dunque non facevano parte della cerchia dei miei amici. Quando mio padre non c'era, la nostra cerchia era decisamente femminile, dal momento che gli unici uomini della casa erano i figli di mia zia e il mio fratellino Tarek, non appena ebbe l'età per andare a scuola. Era con le donne che prendevamo parte alla vita sociale, i cui momenti clou erano i matrimoni; non le cerimonie sbrigative di oggi, ma i matrimoni tradizionali, i cui preparativi, che duravano un'intera stagione, mobilitavano tutto il quartiere.

Insieme alle altre bambine, mi infilavo nella stanza della sposa, dove, per settimane e settimane, si procedeva a vere e proprie procedure "di ingrassamento e di affumicamento". La guardavo ingerire i cibi più nutrienti, più ricchi di grassi e di zuccheri, per arrotondare le forme e poi immergersi in fumi di legno di acacia, che si ritiene ammorbidiscano la pelle. Ma soprattutto mi piaceva assistere alle due ore quotidiane di lezioni di danza, dapprima impartite da donne della famiglia e da amiche, e infine da danzatrici professionali per gli ultimi consigli. Passo dopo passo, la sposa imparava a muoversi per danzare a sua volta, in strada, il giorno delle nozze, come voleva l'antica tradizione sudanese, oggi proibita. Con il passare dei giorni, i preparativi si intensificavano, fino a culminare con la cerimonia dell'henné che si teneva tra i festosi *youyou* delle donne. La futura sposa tendeva le mani e i piedi, che ben presto venivano ornati di disegni elaborati, poi immergeva la punta delle dita nella mistura, compiendo un gesto che avrebbe ripetuto fino al momento del matrimonio, per far conoscere il proprio status al mondo intero. Infine arrivava il momento della festa che durava fino alle prime ore del mattino, una grande festa a cui, ovviamente, era invitato l'intero quartiere.

La nostra casa era l'ultima di Arda. Al di là si estendevano la savana e una distesa di terreni incolti e di campi che, al termine della stagione delle piogge, diventavano verdeggianti e si coprivano di piante di tutte le specie. Individuarle era il nostro divertimento. Lungo le rive del Nilo la natura era generosa ed erano molte le specie di uccelli che venivano a nidificare. Insieme agli altri bambini, ci divertivamo a fabbricare delle fionde e a cacciare. I più abili riuscivano a catturare degli uccelli vivi, che vendevano ai meno fortunati o scambiavano con dolciumi. Talvolta acquistavo un uccello che mi ripromettevo di allevare in gabbia. Poi però, quando lo tenevo prigioniero tra le mani, quando vedevo gli altri uccelli volare liberi attorno a noi, non resistevo alla tentazione di restituirlo ai suoi compagni e alla libertà. Non ho mai tollerato la prigionia, né la mia né quella degli altri.

A Omdurman il mondo ci apparteneva. In casa non stavamo mai e il nostro regno era la strada. Le bambine si divertivano giocando a campana o saltando la corda, ma non avevano la mia età, per cui mi univo ai giochi dei maschi, la caccia, la corsa e soprattutto il calcio. Poiché ero più alta della media (avevo ereditato il fisico slanciato di *habouba*), prendevo più facilmente la palla, ragion per cui mi avevano nominata portiere. Per età ero molto vicina a mio fratello Tarek, e lontana da mia sorella Rabab.

Oltre i campi, ad Al-Jouw, la natura aveva scavato un piccolo vallone in cui si raccoglieva l'acqua delle piogge e delle inondazioni, una riserva cui attingevano i pastori e dove si abbeveravano gli animali. Sopra il vallone, su un terreno che, a prima vista, sembrava una collina, alcuni nomadi arabi si erano stabiliti in modo quasi permanente. Avevano drizzato le loro tende e facevano pascolare le loro greggi attorno all'accampamento. Un po' più lontano, si era sistemata un'altra tribù che si dedicava a quella che, dal suo punto di vista, era un'attività tradizionale: la fabbricazione di alcol di datteri e soprattutto di mais. All'epoca, in Sudan l'alcol non era proibito, ma per motivi di carattere sanitario le autorità ne avevano vietato la produzione domestica. I sudanesi, e in ogni caso gli abitanti del nostro quartiere, non si fidavano per nulla di questi distillatori fai-da-te, anche perché girava voce che organizzassero feste animatissime, in cui si ubriacavano di danze e di musica. Peraltro, non era un caso che le due comunità, pur così diverse per usanze e tradizioni, si fossero stabilite una vicino all'altra. In effetti, erano rigorosamente complementari, a tal punto che la sopravvivenza dell'una dipendeva quasi interamente da quella dell'altra: i nomadi recuperavano i residui della distillazione per nutrire le loro greggi durante la stagione secca, quando la savana assumeva l'aspetto del deserto; mentre i fabbricanti di alcol erano ben contenti di vendere i loro scarti.

Due volte al giorno, il mattino prima di andare a scuola e poi nel pomeriggio, ai bambini era affidata la "corvè del latte". Muniti di recipienti, correvamo attraverso i campi fino all'accampamento dei sobri nomadi che vendevano il latte dei loro animali. A noi bambini era vietato avvicinarci all'altro accampamento, quello dei fabbricanti di alcol, da cui provenivano musica e risate, ma, neanche a dirlo, non rispettavamo il divieto e, pur tenendoci a distanza, con il cuore che batteva per il timore di essere scoperti, osservavamo affascinati quest'altro mondo che si svelava ai nostri occhi. Poi, dopo la breve deviazione presso i nomadi, tornavamo in città con il latte.

I bambini di entrambi gli accampamenti, invece, giocavano abitualmente con noi. Anzi, quelli di loro che andavano a scuola frequentavano gli istituti scolastici di Arda e in classe sedevamo negli stessi banchi. Gli altri ci raggiungevano nel pomeriggio, quando, terminati i compiti, correvamo, finalmente liberi, a giocare in strada. Le nostre case erano aperte, eravamo amici.

Un giorno, senza alcun avvertimento, le forze dell'ordine smantellarono l'accampamento dei fabbricanti di alcol e cacciarono l'intera tribù. Lo scoprii quando, un mattino, i loro bambini non vennero a scuola e nel pomeriggio non ci raggiunsero in strada. I miei compagni di giochi mi mancavano: dai discorsi degli adulti avevo intuito che cosa era successo, ma non capivo perché se la fossero presa con loro. Qualche tempo dopo se ne andarono anche i nomadi. Avevano raggiunto la tribù dei fabbricanti di alcol, da cui dipendeva la sopravvivenza delle loro greggi? Non lo so, ignoro quale sia stata la loro sorte. Lentamente, con il passare degli anni, Omdurman si è estesa e la città ha fagocitato i campi. Oggi la mia savana è stata edificata: non ci sono più piante, e non ci sono più uccelli variopinti.

Tutte le mattine andavamo a scuola. Alla fine degli anni Settanta, in Sudan le scuole private erano pochissime se si esclude qualche istituto privato gestito da suore. Frequentavo dunque la scuola pubblica femminile, quella del quartiere, dove si mescolavano bambine di tutte le classi sociali e persino, come ho già detto, delle tribù nomadi. Ancor'oggi, quando sento pronunciare la parola "scuola", mi vengono subito in mente quelle aule semplici, di fango, allineate in mezzo a un immenso campo che, nella nostra vita scolastica, aveva un ruolo essenziale, e faccio fatica a immaginare una scuola che non sia dotata di un grande giardino in cui i bambini possano correre e giocare liberamente.

La scuola Mohammed Soliman non era soltanto il luogo in cui ci insegnavano a leggere e scrivere, ma una scuola di vita. I maestri non ci impartivano soltanto un sapere "libresco", non venivano soltanto "a lavorare": tra noi e loro, tra il luogo, noi e loro esisteva un legame affettivo profondo. Una costruzione aveva un ruolo speciale ed era la casa del guardiano. Per noi era molto di più di un semplice guardiano, e sua moglie la consideravamo una seconda mamma; i suoi figli erano nostri amici e, al bisogno, bussavamo alla sua porta come avremmo bussato alla porta di un vecchio zio, sempre pronto a consolarci, ad ascoltarci e, all'occasione, a sgridarci. Oggi il guardiamo è stato sostituito da un addetto alla sicurezza che, a ore fisse, si sistema sulla sua sedia per sorvegliare ogni cosa.

Le lezioni terminavano all'una, tuttavia una o due volte la settimana rientravamo nel tardo pomeriggio per quelle che venivano definite "attività": attività artistiche e culturali, ginnastica, giardinaggio, allevamento di animali da cortile. Per non parlare dello scoutismo, a cui mio padre mi aveva iscritto, e le cui riunioni si tenevano a scuola, durante le vacanze. Il giardinaggio e, indirettamente, l'ecologia e la sensibilizzazione nei confronti dei problemi ambientali facevano parte dei programmi.

In classe me la cavavo bene, ero sempre tra le prime, soprattutto nella stesura di testi e in matematica. All'inizio del secondo anno, come attività principale avevo scelto il giornalismo. Non che pensassi di intraprendere un giorno questa professione, semplicemente, nel giornalino che mi era stato affidato, avevo trovato un luogo in cui sfogare la mia sfrenata immaginazione. Disegnavo in tutte le pagine: galline con quattro zampe, montoni con la testa di mucca, fiori impossibili. Mi ero appassionata alla lettura e, all'inizio di ogni mese, mi precipitavo al chiosco dei giornali per acquistare un giornale per bambini, «Al-Soubian», «I ragazzi». Attraverso gli articoli e le fotografie scoprivo il mondo e sognavo a occhi aperti. Un po' più tardi, a otto anni, a quel giornale inviai una brevissima storia. Cinque righe, poca cosa, ma furono pubblicate e il mio nome era stato stampato a chiare lettere. Non stavo in me dalla gioia! Non appena me ne resi conto, corsi al chiosco per acquistare le copie restanti, cinque in tutto, e le distribuii ai miei amici. Inoltre divoravo i settimanali di cui era appassionata lettrice la maggiore delle mie cugine, che mi permetteva di accompagnarla alle sue serate teatrali dove, talvolta, mi venivano assegnate delle particine. Non avevo un'idea della professione che mi sarebbe piaciuto intraprendere, ma, come tutte le bambine, non escludevo la possibilità di diventare maestra.

La scuola mi piaceva. Assai meno mi piacevano le punizioni che ci venivano inflitte: colpi di bacchetta sul palmo, dati alternativamente prima su una mano e poi sull'altra. Era previsto dal regolamento e sarebbe stato impensabile ribellarsi, tanto più che le punizioni venivano inflitte per mancanze concrete, sebbene non gravi: una marachella, un quaderno dimenticato a casa, un compito non eseguito. Le consideravamo giuste e conoscevamo il "prezzo" di ogni mancanza. Avevo otto anni quando osai ribellarmi. Quel giorno, tutte le quaranta alunne della mia classe erano chiassose e la nostra nuova maestra, una tirocinante, decise di punirne nove, tra cui me. Ci mise dunque in fila per bacchettarci. Ero in mezzo alla fila e l'osservavo: non colpiva come le altre insegnanti. La sua bacchetta si abbatteva pesantemente sul dorso della mano, non sul palmo, e, peggio ancora, colpiva una sola mano, non entrambe alternativamente.

Quando arrivò il mio turno, invece di porgere le mani come era consuetudine, le nascosi nelle tasche affermando che le avrei tirate fuori solo se fossi stata colpita sul palmo delle due mani e non sul dorso di una soltanto. Di fronte alla mia ostinazione, la maestra mi mise in castigo in un angolo, con il viso rivolto verso il muro. Io ero furibonda, non per la punizione, ma per la sottomissione di cui davano prova le mie compagne che sopportavano il castigo in silenzio, sebbene la durezza dei colpi strappasse loro non poche lacrime. Ben presto seppi di aver avuto ragione a ribellarmi. Convocata dalla direttrice, le raccontai l'accaduto e dal suo sguardo capii di aver vinto.

Fui riammessa in classe senza essere stata bacchettata e la maestra non tornò più sulla faccenda. L'indomani un'alunna fu punita, ma la bacchetta si abbatté sui palmi delle sue mani, prima l'uno e poi l'altro. Ma non solo, la mia vittoria non si fermò lì: nel corso della riunione trimestrale dei genitori, si parlò delle punizioni e all'unanimità fu deciso che ci si doveva attenere alle modalità consuete, ovvero colpi leggeri e sui palmi. Avevo vinto.

La mia famiglia costituiva un'allegra mescolanza di tribù e di colori, di neri e di arabi, ma ci consideravamo tutti sudanesi ed eravamo tutti musulmani. Nel nostro quartiere e nella nostra strada abitavano anche famiglie non musulmane, ovvero animiste o cristiane, perlopiù venute dal Sud del paese. Ci facevamo visita reciprocamente, tuttavia mia nonna su un punto era tassativa: «Puoi giocare con loro, puoi andare a casa loro, puoi anche mangiare alla loro tavola, ma non prendere mai neppure un boccone della loro carne».

Poi mi aveva spiegato le regole dell'*halal*, letteralmente "ciò che è lecito", ovvero l'obbligo imposto ai musulmani di mangiare animali sgozzati in direzione della Mecca, sgozzati "*bismillah*", "in nome di Allah".

«Ma *habouba*, se mi offrono delle frittelle, come posso sapere se sono ripiene di legumi o di carne?»

«Non prendere frittelle, mangia pane, insalata, frutta.»

Ubbidivo alla mia *habouba*, per non deluderla.

A Omdurman, le feste religiose avevano un'atmosfera particolare. Le scuole chiudevano, e così pure i negozi, mentre i giardini pubblici venivano ornati con lampioni e altalene. E non solo: avevamo persino il diritto di andare al cinema a vedere un film egiziano o indiano, cosa proibita per tutto il resto dell'anno. Digiunavamo per tutto il mese del ramadan e per la festa della fine del digiuno, la grande festa dell'islam, compravamo un montone e incaricavamo uno sgozzatore di uccidere l'animale davanti alla nostra casa e di scuoiarlo. Formavamo un ampio cerchio attorno a lui e, affascinati, guardavamo l'animale dibattersi mentre il suo sangue scorreva a fiotti, fin sulla strada. Poi mia nonna e mia zia cuocevano il montone, tutto intero, e invitavano la famiglia allargata a mangiarlo insieme a noi.

L'atmosfera della festa della fine del digiuno era molto allegra, eppure io aspettavo con impazienza un'altra festa, il *Mouled*, il giorno della nascita del profeta. Secondo il calendario dell'egira, osservato dai musulmani, il *Mouled* viene celebrato a metà del mese chiamato "prima primavera", che non necessariamente coincide con la primavera astronomica, ma il cui nome era sufficiente a farmi sognare, proprio io che, in Sudan, non avevo mai conosciuto questa stagione. Il primo giorno del mese, un enorme corteo attraversava Omdurman; era guidato da cavalieri che aprivano la strada ai membri delle confraternite sufi e ai dervisci, e infine alla folla che li seguiva. I loro canti risuonavano per tutta la città e noi li sentivamo, da lontano, avvicinarsi alla strada principale di Arda. Eravamo tutti in fibrillazione e quando il corteo spuntava in fondo alla strada, risuonavano le grida di giubilo delle donne, a malapena coperte da quelle dei bambini. Noi eravamo tutti vestiti di nuovo e la mia *habouba* mi stringeva forte la mano. Aspettavamo il passaggio dei cavalieri e dei dervisci e poi ci univamo alla folla. L'arrivo era l'enorme spianata della Piazza dei Califfi, dove i sufi drizzavano le loro tende e dove, per dodici giorni, risuonavano le preghiere e i canti con cui celebravano la gloria del profeta. A Omdurman la tradizione del *Mouled* non è cambiata. Ancora oggi la Piazza dei Califfi è affollata dai venditori di dolci a forma di bambole, farciti di datteri e noci, colorati di rosso, di giallo o di verde. Davanti alle loro bancarelle ero sempre colta da un enorme dilemma: quale bambola mi conveniva scegliere?

Durante le vacanze scolastiche andavamo spesso a Wad Madani, dove viveva il padre di mia madre, Saad Maamari. Originario dello Yemen, vi si era stabilito nel 1919, e, come molti yemeniti che si erano trasferiti in Sudan, aveva pensato di aprire una bottega. Era un'attività snobbata dai sudanesi che preferivano vendere sui mercati, nei suk che si spostano di quartiere in quartiere. A mia nonna invece l'idea era piaciuta e gli aveva consigliato di aprire una panetteria, un genere di bottega che all'epoca non esisteva a Wad Madani, dove le donne facevano il pane in casa. Successivamente lo aveva spinto a modernizzarsi sostituendo il forno a legna con uno a gasolio, e poi a confezionare delle pagnotte di grano e delle gallette di miglio che ebbero un enorme successo, soprattutto presso gli alunni delle scuole vicine, che ne fecero il pasto di mezzogiorno.

La fama della panetteria di mio nonno continuava ad aumentare ed erano sempre più numerosi i ristoranti e le locande della città che acquistavano il suo pane. Sempre su consiglio della mia *habouba*, investì anche in alcuni risciò, piccole vetture a tre ruote che fece venire dall'India e con cui trasportava i clienti. Gli affari andavano così bene che mio nonno si era fatto costruire una bella casa di pietra che si affacciava direttamente sul "mare", ovvero sul Nilo Azzurro, e che aveva ornato di begli oggetti, di sculture d'avorio e di mobili d'ebano.

Si era anche comprato un televisore in bianco e nero e, ogni giorno, all'ora in cui veniva trasmesso un feuilleton egiziano, venti o trenta persone, adulti e bambini, amici e conoscenti, si radunavano in un silenzio quasi religioso davanti all'apparecchio. Era uno spettacolo che mi affascinava perché a Omdurman, dove abitavo io, i televisori non erano una rarità.

Con i mezzi pubblici ci volevano tre ore per raggiungere Wad Madani. Non appena scendevamo dall'autobus, carichi di bagagli, venivamo catapultati in mezzo alla folla di mendicanti attirati dalle tombe dei santi di cui è ricca la città. Erano numerosi anche i pellegrini che si recavano a pregare su queste tombe, chi per chiedere una grazia, chi per ringraziare Allah; tutti però erano pronti a fare l'elemosina, "un supplemento di preghiera", a chi tendeva loro la mano. Accompagnavo volentieri mia zia durante le sue visite ai santi, tuttavia non erano le tombe sormontate da cupole ad attirare il mio interesse, ma gli "alberi dei miserabili" sotto i quali i mercanti avevano preso il posto dei "miserabili" per vendere uccelli di tutti i colori, manghi, goiave, frutti di stagione. A casa, il nostro gioco preferito consisteva nello sfidare il divieto di andare sulla riva del Nilo. Gli adulti temevano che affogassimo. Noi però non avevamo occhi che per i pescatori che, in cambio di qualche moneta, e talvolta gratis, con le loro barche ci portavano in mezzo al fiume.

La mia passeggiata preferita era verso il grande parco della città, Oumbarouna, dove centinaia di scimmie avevano scelto il proprio domicilio tra i rami di alberi giganti. Insieme ai miei cugini, correvo con il viso alzato verso il cielo, tentando invano di attirare le scimmie che si nascondevano tra le fronde, offrendo loro arance e banane.

A furia di suppliche, finivo sempre per farmi comprare uno dei cuccioli di scimmia che i mercanti allineavano nelle gabbie. Lo stringevo tra le braccia, ed era il regalo più bello che potessi ricevere, ancor più bello dei giocattoli e dei vestiti che mio padre mi portava dall'Arabia. Eravamo felici. Anni dopo sono tornata in questo parco, con la speranza di trovarci qualche briciola della felicità di un tempo. Non restava granché: il paradiso della mia infanzia aveva subito le stesse traversie del resto del paese.

Avevo sette anni quando per me venne il gran giorno. Da settimane mia madre, mia zia e mia nonna mi parlavano della grande festa che sarebbe stata data in mio onore, del montone che sarebbe stato sgozzato e dei regali che avrei ricevuto in grande quantità. Nei giorni precedenti avrei persino avuto l'onore di una cerimonia con l'henné rosso, ed ero fiera delle mie mani e dei miei piedi che, così pitturati, sarebbero stati simili a quelli di una sposa, a parte il colore dell'henné. Mi avevano anche annunciato l'arrivo di una "purificatrice"; sapevo che veniva per me, ma ignoravo che cosa esattamente intendesse purificare in me. L'unica certezza era che ciò che stava per accadere era qualcosa di inevitabile nella vita di una donna.

Avevo sette anni quando ho subito l'asportazione del clitoride. Ho sofferto, ho sofferto terribilmente. Le urla di giubilo della festa non coprivano il mio dolore. Ho sofferto per dieci giorni. La mia famiglia, i vicini, le amiche venivano a complimentarsi con me, mia madre e mia nonna mi cucinavano piatti nutrienti che rifiutavo, la mia migliore amica era stata scelta per starmi accanto in quei giorni, ma io non riuscivo neppure ad ascoltarla. Restavo sdraiata supina, in attesa della cicatrizzazione, che ogni giorno mi veniva promessa per l'indomani.

Non ce l'avevo con i miei, non ce l'avevo neppure con la purificatrice. Da sempre sapevo che, per una sudanese musulmana, non essere "purificata" era la peggiore delle tare, e che «figlio di una non-purificata» era l'insulto più grave che si potesse rivolgere a un individuo del mio paese. L'undicesimo giorno mi sono alzata. Come vuole l'usanza, siamo andati in corteo sulla riva del Nilo, nelle cui acque ho immerso le gambe mentre venivano recitati versetti del Corano, come si fa con le spose.

Passarono alcune settimane e a mia volta divenni l'accompagnatrice dell'amica che mi aveva assistita durante i miei dieci giorni di dolore. Le cose però non andarono per il verso giusto: all'indomani dell'asportazione la piaga "aveva ceduto". La purificatrice dovette tornare una seconda volta, poi una terza. Dopo qualche giorno mi fecero uscire dalla stanza e un mese dopo la mia amica era morta. Morta per essere stata "purificata".

Nel mio paese questa usanza permane. Interessa principalmente le musulmane, mentre risparmia le animiste e le cristiane. Alcuni pretendono che sia imposta dall'islam, ma nessuno è mai riuscito a trovare una sola parola nel Corano o negli *hadith*, i detti del profeta, che vi faccia cenno. I più si accontentano dell'escissione clitoridea, che consiste nell'asportazione del clitoride e delle piccole labbra. È sufficiente, affermano, per garantire che le loro figlie resteranno caste fino al matrimonio, salvaguardando così l'onore dei loro genitori. In Sudan, questa pratica viene chiamata "*sunna*", termine che indica anche l'ortodossia religiosa. Altri invece sono più radicali e preferiscono l'escissione faraonica, chiamata così perché veniva praticata nell'antico Egitto e che tuttavia è vietata dalla legge sudanese: dopo l'asportazione del clitoride e delle piccole labbra, la vulva viene suturata a eccezione di un piccolo orifizio che lascia a malapena passare l'urina e il sangue mestruale.

Conosco donne colte, donne diplomate e laureate, donne che lavorano, che ancora oggi fanno "purificare" le loro figlie, per «assicurare il loro avvenire». Conosco donne semplici, donne del popolo, che non avendo dimenticato la propria sofferenza, hanno rifiutato di sottoporre le loro figlie a questa pratica.

Conosco uomini brillanti che, dopo ciascun parto, pretendono che la moglie sia di nuovo "purificata" e suturata; la sua astinenza forzata garantirà il loro "onore". Conosco ragazze che continuano a morire per essere state "purificate" in condizioni igieniche deplorevoli. Conosco uomini e donne che non chiedono che di essere convinti ad abbandonare questa pratica, purché si dimostri che non appartiene alla *sunna*, alla legge islamica. Ma che cosa ha a che vedere l'islam con tutto questo? L'islam è quel "dottore della legge" che, recentemente, si è lasciato andare a una diatriba contro i pantaloni? «Persino nella sua camera da letto la donna non ha il diritto di indossare questo indumento, perché non ha il diritto di vestirsi da uomo» aveva sentenziato prima di raccomandare, in nome del suo islam, l'uso di un *niqab* che copra interamente la donna, a eccezione di un solo occhio. L'islam è questo insieme di annunciatori di *fatwe*, di sedicenti sceicchi che, in nome di non so quale religione, hanno vietato la vaccinazione dei bambini?

Ho nove anni e piango mio padre. Habouba cerca di consolarmi. Non sa, e anch'io non so, che quella che piangiamo è la fine di un mondo, la fine degli anni della spensieratezza...

Capitolo Tre

LA FINE DI UN MONDO

Alla morte di mio padre, deceduto all'età di sessant'anni nei primi giorni del 1982, mia madre si stabilì insieme a noi, nella casa di Omdurman. Dopo il mese di lutto, la vita riprese lentamente il proprio corso, io però ero ormai diversa dagli altri bambini: non avevo più il papà. A scuola, lasciare vuota la casella "professione del padre" mi causava un terribile sgomento. A dire il vero, mi metteva in imbarazzo la mia diversità, che sentivo come una sorta di tara. Per giunta non ricevevamo più i regali a cui ci aveva abituato, i giocattoli e i vestiti che ci portava dall'Arabia Saudita, e almeno in questo tornavo a essere come gli altri.

Habouba ascoltava sempre più spesso la radio. Il suo interesse non era rivolto alla musica o ai programmi di intrattenimento, ma alle notizie, e, quando il giornale radio finiva, sulla sua fronte compariva una ruga. Sembrava preoccupata.

Amal, la più grande delle mie cugine, che frequentava il liceo, si immergeva nella lettura della sua pila di giornali, una lettura che la sconvolgeva. Persino le vicine, quando venivano a prendere il tè da noi, si interrogavano sulla legittimità religiosa di quanto stava accadendo in

Sudan e di cui allora avevo un'idea confusa. Non per nulla, mi rifugiavo nelle poesie che mi piaceva comporre e giocavo in strada: l'incoscienza dell'infanzia aveva ripreso il sopravvento.

Nel settembre del 1983, il presidente sudanese Gaafar Nimeiry introdusse nel codice penale la *sharia*, la legge islamica applicata secondo la sua personale interpretazione.

«L'islam è bontà, non punizioni» aveva tuonato quel giorno Amal.

Poi mi fece sedere accanto a sé, accanto ad *habouba* e a mia madre, per seguire le notizie trasmesse dalla televisione. I miei occhi si spalancarono per l'orrore: ad alcuni uomini, che abitavano a Khartoum, era stata amputata una mano perché avevano rubato! Da allora, ogni sera, guardavo i telegiornali per seguire "le notizie", una strana denominazione per un'ininterrotta litania di nomi, fotografie e punizioni inflitte in base alla "loro" *sharia*: amputazioni, frustate, condanne a morte si susseguivano secondo una sinistra tabella di marcia. Non avevo osato sorridere neppure quando erano state mostrate le immagini della gran quantità di gin e di whisky gettata nel Nilo, dal momento che, in Sudan, l'alcol era ormai proibito. L'indomani Amal mi aveva mostrato una vignetta, pubblicata su un giornale, in cui si vedevano i pesci ubriachi fradici per aver bevuto troppo.

A quel punto non avevo potuto trattenere le risate, ma Amal era stata catastrofica. Tenendomi la mano, mi aveva spiegato che cosa stava succedendo nel paese: «I giudici che rifiutano di applicare la *sharia* sono stati licenziati e al loro posto sono stati nominati degli incompetenti. Incompetenti che ignorano tutto, sia dell'islam sia del diritto. Riesci a immaginare, solo per un istante, che fine farà un paese in cui la giustizia non esiste? Saranno possibili tutti gli abusi. Per me, per te, per tutti noi, si prepara uno scenario da incubo; stiamo per ritornare al Medioevo.

Amal mi parlava come a un'adulta e io volevo mostrarmi all'altezza della fiducia che riponeva in me. A furia di leggere e di ascoltare, avevo ricostruito la sequenza degli avvenimenti. Il colpo di stato, nel 1969, di Gaafar Nimeiry, che aveva iniziato la sua vita politica nel nazionalismo socialista arabo del leader egiziano Nasser. Il suo progressivo avvicinamento ai Fratelli Musulmani (e agli Stati Uniti) per proteggersi dall'opposizione comunista sostenuta dall'Unione Sovietica, a cui aveva voltato le spalle dopo anni e anni di luna di miele. La formazione, nel 1977, di un comitato di esperti, presieduto da Hassan Turabi, incaricato di studiare il modo di introdurre la *sharia* nel codice penale sudanese. I fallimenti successivi di questo comitato che non riuscì a far altro che imporre una "tassa islamica" e lo scivolamento del regime verso il terrore e la dittatura. Poi, nel 1983, l'introduzione delle "leggi di settembre", ovvero della *sharia*.

Per le strade, il look delle donne era cambiato. Quelle che avevano abbandonato il tradizionale *thob* – una pezza di stoffa colorata, lunga da quattro a cinque metri, sapientemente avvolta attorno al corpo e alla testa – per vestirsi all'occidentale, allungavano le gonne. Dalle strade di Omdurman erano scomparse minigonne e magliette?

Avevo solo dieci anni e provavo già nostalgia del passato! Con una stretta al cuore, mi ricordavo di quelle due ragazze che, due anni prima – mi sembrava un secolo – avevo visto passare mentre stavo andando alla posta per inviare ai miei genitori una di quelle lunghe lettere che scrivevo loro ogni settimana, almeno sei pagine per raccontare nei minimi particolari ciò che accadeva nella nostra casa. Le due ragazze erano belle e ridevano. Un vecchio, che indossava la tradizionale tunica bianca, si era avvicinato, aveva loro rivolto la parola, poi si era tolto la *omma*, il turbante, lo aveva disfatto ottenendo una lunga striscia di stoffa, l'aveva divisa in due e ne aveva dato un pezzo a ciascuna ragazza perché si coprisse le cosce nude. Non lo aveva fatto in nome della *sharia*, ma della tradizione. Non lo aveva fatto per cattiveria, ma con generosità. Le due ragazze avrebbero potuto gettare a terra le due metà del turbante, ma il vecchio aveva parlato con rispetto, perciò con rispetto fecero quello che aveva detto loro, anche se è del tutto probabile che, dopo pochi passi, si siano liberate della stoffa con cui si erano coperte le cosce. Io avevo fretta di arrivare alla posta, perciò non le seguii. Attualmente però le loro gonne sono in fondo a un cassetto...

Ben presto altri avvenimenti avrebbero scosso il nostro trantran quotidiano. Contemporaneamente alla promulgazione delle "leggi di settembre", Gaafar Nimeiry aveva posto fine agli accordi di Addis Abeba, firmati nel 1973; accordi che concedevano uno statuto di autonomia al Sud del paese, un Sud africano, prevalentemente animista e cristiano, mentre il Nord è perlopiù arabo e musulmano. Una parte dell'esercito si ammutinò e il colonnello John Garang si rifugiò in Etiopia per fondare quella che chiamò Armata di liberazione dei popoli del Sudan, conosciuta con l'acronimo inglese SPLA.

Dopo una tregua durata dieci anni, la guerra tornò così a infuriare tra il Nord e il Sud del paese, guerra cui il telegiornale dedicava spazio quanto alle vittime della *sharia*. Con la stessa intensità con cui ritenevamo scandalosa l'applicazione di quella che i governanti definivano legge islamica, ci sentivamo vicini ai nostri coraggiosi soldati che, con il loro valore, avrebbero ristabilito l'unità del paese. All'epoca si trattava di una guerra tra due eserciti; certo, i sudisti ne facevano le spese, ma i civili non erano ancora stati trasformati in bersagli. Tra gli abitanti del nostro quartiere ci furono dei morti, ragazzi giovani che combattevano come soldati o ufficiali e che furono pianti, perché avevano fatto il loro dovere. Gli adulti della mia famiglia ritenevano che fossero morti per il Sudan.

Nel 1984, la pioggia smise di cadere su gran parte del mio paese, in particolare sul Kordofan e sul Darfur. Davanti a casa nostra, la savana si trasformò in deserto. Il vallone in cui si abbeveravano gli animali rimase senz'acqua, poi il terreno si sbriciolò, ma le autorità erano troppo impegnate a fare la guerra e ad applicare la *sharia* per occuparsi del cibo, che cominciava a scarseggiare. Nella parte centrale del paese, dove si estendono le pianure agricole, l'erba ingialliva, i pozzi si prosciugavano, gli abitanti affamati vedevano le loro greggi deperire e le pance dei bambini gonfiarsi. Avevano fame, e dunque abbandonarono le loro case per andare alla ricerca di un pezzo di pane, di mais, di radici, alla ricerca di acqua. Scavarono i formicai sperando di trovarvi dei semi.

A Omdurman li vedevamo arrivare. Non erano più uomini, ma scheletri che vagavano per le strade o bussavano alle porte delle case. I bambini si aggrappavano alle gambe delle madri, che non avevano più la forza di prenderli in braccio. Come avrebbero potuto farlo se non riuscivano più neppure a muovere le mani per cacciare le mosche che divoravano i loro occhi e si infilavano nelle loro bocche? Se non ce la facevano neanche a tendere la mano per elemosinare un pezzo di pane, che avrebbe salvato loro la vita? Non davamo loro nulla perché non potevamo farlo. E se avessimo dato qualcosa a uno, sarebbero arrivati in tre, in dieci, in cento.

Lo spettacolo della miseria entrò ben presto a far parte della fisionomia del nostro quartiere, della nostra città, del nostro paese. L'odore della morte aveva invaso il Sudan. Io mi ero abituata a passare accanto a questi drappelli di infelici che, solo pochi mesi prima, mi avrebbero sconvolta. Li incontravo andando a scuola – ormai frequentavo la scuola "complementare" – ma avevamo smesso di giocare in strada. La carestia durò per tutta la durata della siccità, vale a dire per due anni, e per due anni il presidente sudanese non smise di prendere la parola davanti alle telecamere per ripetere che la prosperità regnava nel paese.

Ben presto la fame cominciò a minacciare tutti i sudanesi. Anche se a casa nostra avevamo da mangiare a sufficienza, le condizioni di vita divennero più dure. L'opulenza di un tempo non era più che un lontano ricordo e il costo dei generi alimentari aumentava di giorno in giorno.

«Nel paese va tutto bene» affermava un imperturbabile Nimeiry.

A tutti gli adulti e a tutti i bambini furono distribuite tessere per il razionamento di zucchero, olio e riso. Ogni settimana, la mia famiglia si univa all'interminabile coda davanti al centro di distribuzione, in attesa del proprio turno per ricevere le razioni alimentari e portarsele a casa. Mia nonna nascondeva lo zucchero nel suo armadio, non lo lasciava più in cucina come era solita fare prima. Matrimoni e purificazioni non si celebravano con il fasto di un tempo e di feste non si parlava più. Acqua ed elettricità erano severamente razionate, e le canzoni popolari non parlavano più di donne e di amore, ma... di energia elettrica!

Seguivo assiduamente il telegiornale della sera con gli interminabili elenchi di colpevoli fustigati, amputati o giustiziati, e ascoltavano alla radio i notiziari della BBC in arabo: per me, le notizie avevano smesso di essere virtuali, mi toccavano direttamente, determinavano la mia vita quotidiana. Avevo pianto come tutti vedendo le folle immense che si erano riversate nelle vie di Khartoum per esprimere il loro sgomento dopo il processo e l'esecuzione di Mahmoud Mohamed Taha, un intellettuale riformista, profondamente credente ma altrettanto profondamente contrario alla *sharia*. Taha era stato condannato a morte per apostasia, ma con le sue diatribe aveva fortemente contribuito a far sì che il nostro popolo prendesse coscienza di quanto stava accadendo. La sua morte aveva dunque gettato il paese in un'indescrivibile prostrazione. Sentivamo che era stata voltata una pagina della nostra storia. La profezia di Amal cominciava a realizzarsi.

Le manifestazioni proseguirono e si trasformarono in *intifada*, nella rivolta degli studenti. A scuola individuavamo l'ampiezza e la gravità di una manifestazione dalla quantità di pietre che si abbattevano sul tetto di tela delle nostre aule. In noi si era sviluppata una sorta di sesto senso: quando capivamo che il malcontento popolare e la repressione poliziesca stavano per degenerare, prendevamo libri e quaderni e correvamo a casa. Amavo la scuola, desideravo imparare e detestavo le giornate di vacanza forzata che si moltiplicavano e di cui alcuni miei compagni si rallegravano.

Qualche tempo dopo l'assassinio di Mahmoud Mohamed Taha – noi la chiamavamo la sua esecuzione – un colpo di stato popolare mise fine alla dittatura di Nimeiry, che in quel momento si trovava all'estero. Per noi la speranza fu di breve durata. Certo, le prime elezioni libere, alle quali ero troppo giovane per partecipare, portarono al potere un oppositore di Nimeiry, Sadek el-Mahdi, che promise di rimettere un po' d'ordine nel paese formando un governo di unità nazionale a cui i ribelli sudisti di John Garang rifiutarono di partecipare. La carestia continuava a fare disastri e i prezzi a salire, ma era stata sospesa l'applicazione delle "leggi di settembre", come veniva chiamata la *sharia* di Nimeiry.

Poi la siccità fu seguita da inondazioni disastrose.

Quanto a me, mio malgrado ero stata catapultata, fin da giovanissima, nel calderone della politica: nel liceo a cui mi ero iscritta mi appassionavo ai meandri dell'attualità politica del mio paese. Avevo avuto fremiti di impazienza quando il governo aveva proposto ai sudisti un trattato di pace; avevo fatto salti di gioia quando aveva promesso la promulgazione di un nuovo codice penale, un codice "laico", simile a quello in vigore prima del 1983. Nel mio liceo, i partiti politici avevano diritto di cittadinanza. I partiti tradizionali si tenevano in disparte, in nome di principi pedagogici, lasciando campo libero da un lato ai partiti laici della sinistra e dall'altro agli islamisti, che disponevano palesemente di fondi notevoli e conducevano una fruttuosa campagna di indottrinamento presso i giovani. Peraltro, grazie ai loro slogan ingannatori, avevano rapidamente avuto la meglio sui partiti di sinistra.

Io mi ero immersa nelle loro pubblicazioni e ne avevo ricavato un senso di amarezza. I loro discorsi si riassumevano in due parole: la *jihad*, ovvero la guerra santa, e la promessa del paradiso. Che ne era della giustizia, del diritto, della democrazia? Dimenticavano che la politica deve occuparsi delle condizioni di vita dei cittadini su questa terra, e non nell'aldilà?

«Così come stanno attualmente le cose, siamo l'unica ancora di salvezza per il Sudan. Vedrai, quando arriveremo al potere, ci occuperemo infine dei problemi quotidiani. Nessun sudanese soffrirà più la fame, la giustizia e l'ordine saranno ristabiliti» mi ripeteva uno dei responsabili della sezione liceale del Fronte islamico di salvezza, il partito fondato da Hassan Turabi.

«Per sette anni siete stati al potere insieme ai Fratelli Musulmani, a fianco di Nimeiry. Che cosa avete ottenuto, a parte portarci al marasma attuale?» rispondevo.

Non ottenevo che risposte ambigue, senza concretezza, lunghi monologhi in cui venivano elencate promesse islamiste per l'aldilà. Le nostre discussioni erano tanto più frequenti per il fatto che mi ero candidata alle elezioni studentesche come indipendente. Ero vicina a un partito tradizionale, il vecchio Partito unionista democratico, che aveva partecipato alla lotta per l'indipendenza del 1956 e che aveva ottenuto la maggioranza nel primo parlamento sudanese, prima dell'indipendenza. Questo partito si riconosceva nel sufismo, ma io gli rimproveravo l'assenza di un'ideologia forte. Mi ero anche interessata al comunismo, ma non mi era piaciuto, esattamente come non mi piaceva l'islamismo: ero troppo innamorata della libertà per lasciarmi rinchiudere in gabbie ideologiche. Fu dunque come indipendente che vinsi le elezioni nella mia sezione.

Nel 1988, Mohammed Othman Marghani, presidente del Partito unionista democratico, che faceva parte del governo, si recò presso il capo sudista John Garang per negoziare un accordo di pace tra il Nord e il Sud del Sudan. Tornò a Khartoum il 16 novembre con una bozza di accordo, e dunque con una speranza. Quel giorno sono scesa in strada, in mezzo a una folla immensa, per accogliere e sostenere Marghani. Poco prima ero rimasta incollata davanti al televisore quando i combattimenti erano ripresi alla frontiera tra le due parti del paese. Due borgate erano cadute nelle mani dei sudisti e la stampa islamista aveva colto l'occasione per scatenarsi. La gente si era spaventata: i sudisti, si diceva, si preparavano a invadere la capitale e a scannare i musulmani. Doveva essere decretato immediatamente lo stato di emergenza, insistevano gli islamisti. Non si trattava di una guerra qualsiasi, ma di una guerra che proteggesse i musulmani, si trattava della *jihad*, della guerra santa. Nonostante questo, il governo di el-Mahdi ratificò l'accordo concluso da Marghani; non ebbe però il tempo di applicarlo, perché l'idea islamista, secondo cui l'accordo andava contro la *sharia*, di fatto ebbe la meglio.

La notte del 30 giugno 1989, il governo di Sadek el-Mahdi fu rovesciato. Il mattino seguente, il generale Omar al-Bashir, che aveva preso il potere, si presentò come un militare che veniva a ristabilire l'ordine e a mettere fine alla scarsità di generi alimentari. Tuttavia fin da subito nel paese si disse che il colpo di stato non era militare, ma islamista. Non a caso, al-Bashir non era che la controfigura in divisa del temibile Hassan Turabi, un ex Fratello Musulmano che, sotto Nimeiry, aveva presieduto il comitato per la reintroduzione della *sharia* e che si era convertito a un'ideologia ancora più radicale e sanguinaria.

«Ma in che giungla viviamo?» domandavo alle mie amiche nel minibus che ci portava al liceo.

Il liceo pubblico a cui mi ero iscritta era più lontano da casa nostra della scuola e del convitto. I mesi in cui avevamo i mezzi facevo l'abbonamento al servizio di trasporto; quelli invece in cui non li avevamo andavo a piedi, il che voleva dire una camminata di una buona mezz'ora. Quella mattina, nel minibus la discussione era animata.

Io non demordevo: «Quale religione permette di uccidere un uomo in mezzo al suo denaro? Soltanto la legge dei pirati e dei banditi di strada autorizza una pratica simile!».

Eppure era la legge del nostro stato, la loro *sharia*, ad aver condannato a morte Majdi Mahjoub e imposto che fosse giustiziato in mezzo ad alcune migliaia di dollari trovati nascosti nella sua abitazione, contravvenendo così all'obbligo di consegnare allo stato la valuta estera di cui si fosse stati in possesso. Majdi Mahjoub era il figlio di un banchiere che era stato il primo importatore di automobili in Sudan e i cui beni erano stati quasi interamente nazionalizzati. Sua madre si era recata da al-Bashir e aveva implorato e ottenuto la sua clemenza, dunque, secondo la tradizione sudanese, sarebbe stato tenuto a mantenervi fede. Invece, l'indomani la famiglia era stata convocata per recuperare il corpo del giovane, che era stato giustiziato in mezzo ai suoi dollari.

«Chi sono costoro e da dove vengono?» aveva lamentato il grande scrittore sudanese Tayed Saleh.

Fu l'inizio della serie di esecuzioni per detenzione di valuta estera che insanguinarono il 1990 e il 1991. Poi, nel 1992, le autorità cambiarono idea e i sudanesi furono nuovamente autorizzati a possedere soldi stranieri. Le lacrime dei famigliari dei condannati a morte non si erano ancora asciugate che al più grande cambiavalute sudanese veniva assegnata una medaglia al merito da parte di quelle stesse persone che avevano giustiziato i loro figli. Per un pugno di dollari. Non a caso, in quegli anni di terrore, uno degli alti responsabili del consiglio della rivoluzione era stato soprannominato "Mister Dollaro" tanto grande era la sua avidità. In che giungla viviamo?

Durante il primo ramadan successivo all'ascesa al potere di al-Bashir, un altro avvenimento era destinato a far tremare anche i più ferventi sostenitori del regime: l'esecuzione di ventotto ufficiali nella "Notte del destino", la ventisettesima di questo mese sacro, la notte in cui, secondo la tradizione, le porte del Cielo si spalancano davanti alle suppliche dei fedeli. I corpi dei ventotto giustiziati non furono mai restituiti alle famiglie. Una barriera psicologica si innalzò tra il popolo e gli islamisti, che nel frattempo avevano decretato la legge marziale. Ma non si poté fare a meno di sogghignare quando Omar al-Bashir promise di rivalutare la lira sudanese: senza di lui, diceva, ben presto sarebbero state necessarie venti lire per avere un dollaro. Poco dopo, il valore del dollaro raggiunse le 2.750 lire! Intanto nei licei e nelle università le attività politiche erano state vietate ed erano state dichiarate illegali le cellule dei partiti; soltanto le "associazioni del santo Corano" erano ancora autorizzate. In realtà altro non erano se non organizzazioni di copertura del partito islamista di Hassan Turabi, la testa pensante del potere, e peraltro non facevano nulla per nasconderlo. I giornali furono nazionalizzati, tutti i dirigenti dei partiti politici incarcerati, ivi compreso Hassan Turabi. Dieci anni dopo Turabi avrebbe ammesso di aver detto al suo compare al-Bashir, proprio alla vigilia del loro colpo di stato: «Se tu vai alla presidenza, io finirò in prigione».

Nel momento stesso in cui al-Bashir prese il potere, il sogno islamista si realizzava: la guerra contro il Sud era ufficialmente definita "*jihad*" e i suoi morti "martiri dell'islam". In televisione, interminabili reportage erano dedicati a ragazzi di sedici o diciassette anni che si arruolavano volontari per combattere questa guerra e seguivano corsi di indottrinamento. Ho visto con i miei occhi alcuni dei nostri vicini inviare i propri figli alla *jihad* e le proprie figlie al servizio volontario di difesa civile, dove imparavano a maneggiare le armi... coperte dall'*hijab*, naturalmente. Bisogna tuttavia precisare che frequentare questi campi di addestramento era garanzia di promozioni nell'amministrazione pubblica. Io stessa ho sentito gli *youyou* che precedevano i cortei per il "matrimonio del martire". Io stessa ho visto questi cortei fermarsi davanti a povere case per consegnare zucchero, lenticchie, riso e olio. Li ho visti concedere privilegi alle famiglie, ho visto soldati entrare allegramente nelle case gridando: «Rallegratevi! Oggi vostro figlio è un fidanzato, vostro figlio è un martire, vostro figlio è morto per Allah».

Io stessa ho visto madri rispondere agli *youyou* con altri *youyou*, ma ne ho viste altre, molte altre, che reagivano, che li cacciavano rifiutando i loro sacchi di cibo. Tutte però non avevano altra scelta che rispondere all'invito delle università, che organizzavano pompose cerimonie di consegne di diplomi *honoris causa* ai martiri. Come se i diplomi fossero di qualche utilità in paradiso! Io stessa ho visto ragazzi arrestati per le strade e arruolati a forza come "volontari": dopo quarantacinque giorni di addestramento venivano mandati al fronte. Molti non tornarono più. I migliori non sono tornati, anche tra coloro che si battevano per un ideale. Loro almeno un ideale lo avevano! In compenso sono rimasti coloro che li inviavano a combattere, per restare al potere.

A Wad Madani, nella casa sulle rive del Nilo, mio nonno era invecchiato e praticamente non lasciava più il letto. La sua vista si era indebolita, ma era sempre con piacere che mi vedeva arrivare. Mi tendeva una pila di giornali, io mi sedevo accanto a lui e glieli leggevo. Ascoltavo i suoi commenti: imprecava contro gli islamisti e, nel segreto della sua stanza, anche contro gli arabi. Mi diceva parole che mai gli avevo sentito pronunciare: «Lubna, ricordati di quello che sto per dirti. Quando, nel 1947, re Abdallah I di Giordania ha consigliato ai suoi "colleghi" arabi di accettare la spartizione della Palestina è stato un profeta. Sono certo che ha parlato per ispirazione divina, eppure è stato definito traditore e assassinato. La storia però gli ha dato ragione: neppure in sogno gli arabi si vedranno proporre un piano simile. Bisogna saper osare, bisogna saper affermare le proprie convinzioni invece di seguire la folla come pecore».

A Omdurman, *habouba* restava invece piena di energia. Sempre esile in una società che apprezza le forme giunoniche, fino alla morte, avvenuta nel 1997, ha con servato tutti i denti e una vista perfetta. Si spazientiva quando mi vedeva faticare per infilare l'ago. «Dai a me» mi diceva, con tono perentorio e lo infilava al primo colpo, senza bisogno di inforcare gli occhiali. Ma non aveva più voglia di ridere. La deformazione e il travisamento dell'islam operate dagli islamisti la angosciavano, lei, figlia di sceicchi, discendente di una prestigiosa stirpe di dottori della religione, lei che, fin dalla più tenera infanzia, conosceva il Corano a menadito. Scuoteva la testa ascoltando i notiziari e spesso evitava addirittura di ascoltarli.

All'inizio degli anni Novanta, la fine della *jihad* in Afghanistan attirò in Sudan un flusso di combattenti arabi. Senza dubbio volevano continuare la loro guerra nel mio paese! Il nostro governo, che tendeva loro le braccia, il nostro governo che accoglieva Osama Bin Laden come un eroe, volle mostrarsi all'altezza della situazione: i discorsi propagandistici, che auspicavano la creazione di un progetto moderno di un grande stato islamico, i cui confini sarebbero andati dall'oceano Atlantico al Mar Mediterraneo, erano sempre più frequenti alla radio, alla televisione, sui giornali e nelle "riunioni patriottiche". Impossibile sfuggirvi, a meno di incappare sui canti jihadisti che venivano insegnati ai giovani e diffusi in tutto il paese. E senza perdere tempo ci si affrettò a rincarare la dose: ben presto questo stato si sarebbe allargato fino a inglobare la terra intera, ben presto l'America si sarebbe disintegrata, come già era accaduto all'Unione Sovietica. Furono aperti persino campi di addestramento: così si diceva, io però non li ho visti. Qualche anno dopo, quando arrivò il momento del regolamento dei conti tra coloro che venivano dall'Afghanistan, Omar al-Bashir rimpianse la propria generosità. Almeno lo spero.

Il primo incidente sanguinoso avvenne nella nostra moschea di Omdurman. Un gruppo di aspiranti al martirio, fanatici come Bin Laden, ma che gli rimproveravano un eccessivo lassismo, credettero di averlo scovato, mentre invece non lasciava il quartiere chic di Khartoum, dove si era regalato una splendida casa. Volevano la pelle di Bin Laden e dunque aprirono il fuoco nella moschea, proprio all'ora della preghiera del venerdì. Fu una carneficina. Poco dopo Bin Laden lasciava il Sudan per l'Afghanistan, non senza aver prima espresso le proprie divergenze ideologiche con coloro che lo avevano accolto, e che riteneva troppo blandi nell'applicare la *sharia*. Il nostro popolo, che aveva nel sangue l'ospitalità e accoglieva benevolmente tutte le culture e tutte le tradizioni, non capiva questi stranieri a cui aveva offerto rifugio e che vigliaccamente ricambiavano la cortesia con un massacro. In effetti, tutti gli integralisti beneficiavano della generosità del nostro governo, persino gli integralisti cristiani dell'Armata ugandese del Signore, un gruppo di ribelli i cui dirigenti avevano stabilito il proprio quartier generale a Khartoum. Omar al-Bashir rispondeva così alle autorità ugandesi che appoggiavano la resistenza sudista di John Garang. Alcuni anni dopo, però, lo stesso al-Bashir autorizzava l'esercito ugandese a dare la caccia all'Armata del Signore fin nel cuore della nostra capitale, consegnando così i vecchi alleati – come peraltro, nel 1994, avrebbe poi consegnato alla Francia il terrorista Carlos, cui aveva concesso protezione.

Nel 1991, Omar al-Bashir, coadiuvato da Hassan Turabi, imprimeva un giro di vite alla *sharia*, improvvisando leggi, aggravando le norme già esistenti, aggiungendone altre e istituendo (per piacere ad Allah o per opprimere il popolo) una polizia dell'ordine pubblico, ovvero una polizia che doveva controllare la moralità dei costumi .

Erano incompetenti, come aveva pronosticato Amal, o diabolici i giuristi che hanno redatto tutte le leggi, tra cui l'articolo 152 del codice penale, l'articolo che regola la moralità? In ogni caso, senza citare alcuna colpa specifica o alcun comportamento proibito, ma limitandosi a stigmatizzare «ciò che offende la morale pubblica», spianavano la strada all'èra del terrore che si è abbattuta sul nostro paese. Ormai non sapevamo più come vestirci né come comportarci: le ancestrali tradizioni sudanesi erano state brutalmente dichiarate "peccaminose". Fu l'inizio di un incubo.

Capitolo Quattro

WAD MADANI O LA RICERCA DELLA LIBERTÀ

Ho terminato il liceo nel 1991, nel momento in cui il nostro governo annunciava una «rivoluzione della scuola superiore» di cui non si conoscevano ancora con esattezza le caratteristiche.

Dopo qualche esitazione e malgrado i consigli dei miei professori di letteratura, e in particolare di uno di loro a cui avevo affidato alcune mie poesie e che mi ripeteva che in campo letterario avrei avuto delle possibilità, mi ero orientata verso le facoltà scientifiche. In chimica, i miei voti mi aprivano buone prospettive, avevo risultati soddisfacenti in matematica e, in ogni caso, anche se mi piaceva scrivere, non pensavo che si potesse vivere dei proventi della propria penna.

Arrivato il momento di iscrivermi all'università, fui colta da un improvviso desiderio di evasione. Presi in considerazione le università straniere e individuai due paesi in cui mi sembrava che i costi fossero compatibili con i miei mezzi: l'India e la Iugoslavia, anche se quest'ultima stava per entrare nella guerra civile. Piena di euforia iniziai le pratiche, identificai le università i cui corsi erano adatti a me e preparai con cura i miei dossier. Ero felice di partire, di ritrovare una vita normale, lontano dalle meschinità che umiliavano la nostra esistenza quotidiana.

La partenza era vicina quando fu decretata la "rivoluzione" scolastica voluta da al-Bashir e il mio sogno crollò in pochi istanti: quelli sufficienti per comprendere gli ostacoli che ormai venivano posti di fronte agli studenti che volevano andare all'estero e a tutti i sudanesi che aspiravano alla normalità.

Fino a quel momento un tasso di cambio favorevole ci permetteva di sostenere le spese di soggiorno, anche perché, come tutti gli studenti sudanesi, potevamo godere di una borsa di studio e di un sostanzioso contributo per vitto e alloggio. Al contrario, la "rivoluzione" peggiorò fortemente il cambio, imponendo un tasso ufficiale che rendeva impossibile qualsiasi soggiorno all'estero, quantomeno alle famiglie della classe media. Fu anche annullato il sistema di borse di studio in vigore da tempo, sostituito da una "cassa di aiuto" agli studenti, i cui fondi venivano concessi in base a criteri imperscrutabili. Di fatto, invece di valutare la situazione economica dei possibili beneficiari, si ricompensava la "lealtà" delle loro famiglie. Inoltre, gli studi universitari che avevano come lingua l'inglese e come orizzonte il mondo intero furono arabizzati: sfortunatamente io sono un prodotto di questa riforma.

Infine la "rivoluzione" doveva essere globale, per cui i collegi furono accorpati alle scuole e trasferiti negli stessi edifici, mentre gli allievi furono ammassati alla meno peggio in aule che non erano state ingrandite. In compenso i licei furono spostati negli edifici dei collegi, dove furono anche create alcune università. Personalmente, preferisco definirle pseudouniversità. La loro creazione avvenne in quattro e quattr'otto: senza neppure informare le autorità accademiche, le autorità politiche si limitarono a staccare le targhe dai portoni d'ingresso, scrivendo "università" dove prima stava scritto "liceo". Quanto ai professori, furono reclutati con la stessa superficialità.

La mancata iscrizione in un'università straniera mi fece perdere un anno di studi, perché era ormai troppo tardi per iscrivermi in un'università sudanese, quantomeno nella facoltà che avevo scelto. In Sudan, la scelta della facoltà universitaria avviene in base ai voti ottenuti al termine delle superiori. I miei voti non mi permettevano di iscrivermi alla facoltà di medicina, cui aspiravano molti dei miei compagni e per giunta questa professione non mi interessava. Ancora sotto l'influenza delle lezioni di giardinaggio e di sensibilizzazione ai problemi dell'ambiente che ci erano state impartite a Omdurman, mi iscrissi dunque alla facoltà di agraria, presso l'università Al-Jazira di Wad Madani, il Wad Madani della mia infanzia, che non mi spiaceva affatto rivedere, sperando di ritrovarvi almeno un retrogusto dei sapori del passato.

Mio nonno era morto e nella casa sulla riva del Nilo abitava mia zia Fatma con i suoi figli, una femmina e tre maschi, alcuni dei quali già sposati e con figli propri. Il marito, uno yemenita, aveva una piccola drogheria, che procurava di che vivere alla famiglia. Qui ritrovavo il calore e l'allegria degli anni dell'infanzia, i pasti consumati insieme, la vita collettiva del quartiere. La panetteria di mio nonno non esisteva più, era andata in crisi quando lui era invecchiato; per giunta, in città erano state aperte altre panetterie, più moderne, e poco dopo la sua morte, strozzata dalle tasse, aveva definitivamente chiuso i battenti. L'odore del pane caldo mi mancava.

La casa non era cambiata, se si esclude l'accesso al Nilo Azzurro, che era stato chiuso, impedendo così le passeggiate lungo la riva. Mia zia e suo marito non vedevano alcuna utilità pratica in questo accesso privilegiato e non compresero il mio rimpianto. Bisogna dire che la relazione quasi carnale che lega gli egiziani al Nilo non esiste in Sudan dove le case (e anche gli edifici governativi) voltano le spalle al fiume, che spesso è trasformato in discarica: vi si gettano i rifiuti, ci si lava la macchina, e quasi mai si passeggia lungo le sue rive, tutt'altro che curate. Durante i miei studi, mi stabilii dunque in questa casa in cui mia zia mi aveva riservato una stanzetta a pianterreno, dove potevo lavorare, studiare, scrivere le mie poesie e ricevere le amiche. Dalla finestra vedevo il Nilo Azzurro e in mezzo al fiume l'isola di Hantoub, eternamente verde. Sull'isola distinguevo persino l'antico liceo, dove si erano formate generazioni di uomini politici, di medici e di ingegneri provenienti da tutto il Sudan. Un liceo prestigioso che era stato trasformato in un'università di serie B...

Il grande campus all'americana dell'università Al-Jazira si estende alla periferia di Wad Madani ed è una vera città accanto alla città. Oltre agli edifici destinati alle diverse facoltà e all'amministrazione, dispone di pensionati maschili e di pensionati femminili dove possono alloggiare gli studenti che non hanno altro posto in cui stabilirsi, case per i docenti e persino una grande fattoria sperimentale. Ora, con la fine del sistema di borse di studio e di aiuti concessi dallo stato, gli studenti, venuti da altre province per frequentare questa università dotata di un certo prestigio, non avevano più i mezzi per affittarsi una stanza a Wad Madani, per cui si sono buttati sui dormitori del campus... dove sono state accolte tutte le domande. È così che camere previste per due persone ne hanno ospitate da sei a otto. Ma poiché non bastava ancora, degli edifici scolastici sono stati trasformati in residenze studentesche e le aule scolastiche, che accoglievano quaranta alunni, sono diventate dormitori in cui sono stati sistemati quaranta letti. Anche le aule destinate alle lezioni erano parimenti sovraffollate al punto che era difficile accedervi, ragion per cui, alla ripresa dei corsi, essendosi resi conto dell'ampiezza del disastro, gli studenti, islamisti e non islamisti, manifestarono congiuntamente la loro collera nei confronti delle autorità. Bloccarono persino gli accessi alle aule, in cui tuttavia uno studente riuscì a introdursi e il professore, che era presente, fece lezione. All'uscita il crumiro fu punito dagli scioperanti. La punizione consistette nel fargli indossare un *hijab* da donna e, così abbigliato, nel costringerlo ad andare in giro per la città. Lo *hijab* che siamo costrette a indossare, che ci viene imposto dalla legge, sarebbe dunque una punizione?

Per giunta gli animi erano già sovreccitati dalla "riforma amministrativa", attuata dal regime l'anno precedente, contemporaneamente alla "rivoluzione dell'insegnamento". Quanto alla "riforma amministrativa", si era trattato di un'epurazione in cui oltre trecentocinquanta funzionari erano stati licenziati e sostituiti da islamisti di stretta osservanza. Tredici docenti dell'università, brillanti e molto stimati, erano stati "epurati", alcuni studenti avevano solidarizzato con loro e iniziato uno sciopero. Lo stato però aveva reagito usando la mano pesante: in fretta e furia erano stati istallati tribunali speciali, gli scioperanti, ragazzi e ragazze, erano stati condannati a venti frustate ciascuno, ed era stato loro consigliato di tornare in classe, dove dei "barbuti" avevano preso il posto dei loro docenti. Coloro che avevano rifiutato di ubbidire erano stati esclusi per il resto dell'anno. Li ritrovammo sui nostri banchi, decisi a continuare a lottare. I tredici professori non erano stati reintegrati; in seguito scoprimmo che avevano lasciato il paese ed erano stati assunti nelle migliori università straniere. Il mio paese li ha persi.

Alla ripresa delle lezioni, fin dai primi giorni iniziarono scioperi e picchettaggi: chiedevamo condizioni decenti per poter studiare. Abbiamo manifestato e io stessa ho stilato volantini che ho appeso ai muri dell'università. La nostra protesta rientrò solo quando alcuni ricchi negozianti di Wad Madani proposero e finanziarono, in fretta e furia, la costruzione di un edificio che doveva servire da dependance ai dormitori degli studenti. Fu terminato proprio prima delle vacanze trimestrali e, durante le vacanze, requisito dall'amministrazione che se ne servì per ingrandire i propri uffici. Comprensibilmente il trimestre successivo fu segnato da malcontento e manifestazioni di protesta. Una di esse degenerò: l'automobile del decano dell'università fu ribaltata e incendiata. Le forze di polizia procedettero ad alcuni arresti: centinaia di studenti e tredici studentesse, tra cui io, vennero incarcerati.

Fummo tutti interrogati e durante gli interrogatori fummo tutti picchiati: nei commissariati è di regola e nessuno protestò. I ragazzi furono messi in prigione e durante la detenzione furono regolarmente malmenati: dalla mia cella, di notte sentivo le loro urla. Le ragazze passarono in prigione un paio di notti, poi vennero rilasciate, una a una. Quanto a me, una settimana più tardi ero ancora dietro le sbarre, senza poter ricevere visite.

«Perché non piangi mai?» mi chiese a bassa voce uno dei guardiani.

«Perché dovrei piangere? A che cosa servirebbe? Vorrei soltanto sapere perché io sono ancora qui mentre le altre studentesse sono state scarcerate.»

«Hanno pianto, hanno supplicato, e sono state liberate» mi disse.

Avevano pianto e supplicato, ma io non l'avrei mai fatto, non mi sarei mai piegata, non avrei mai dato loro la soddisfazione di veder scendere le mie lacrime. Poco dopo la prigione ricevette la visita di un pezzo grosso venuto da Madani, Fath al-Rahman al-Bashir, che, nel 1977, aveva condotto i negoziati tra Gaafar Nimeiry e i suoi oppositori. Costui aveva sentito parlare di me, il mio caso lo aveva colpito, e io fui rilasciata grazie al suo intervento, ma esclusa dall'università per il resto dell'anno. Non avendo granché da fare a Wad Madani, tornai a casa di mia madre, a Omdurman, ma, terrorizzata dalla prospettiva di un altro anno di inattività, decisi di iscrivermi a una facoltà che, in Sudan, non era molto gettonata e dove c'era ancora posto sebbene l'anno accademico fosse iniziato. Fu così che, davvero senza volerlo, iniziai gli studi nel settore della comunicazione, un corso breve che consideravo un ripiego, ma che, nel contempo, mi dava molta soddisfazione. Mi cimentavo in campo giornalistico e inviavo i miei primi articoli, firmati con uno pseudonimo, a giornali di opposizione pubblicati fuori dal Sudan, articoli in cui descrivevo la realtà sudanese. A dire il vero, non avevo intenzione di fare del giornalismo la mia professione e anzi speravo di essere nuovamente ammessa all'università di Wad Madani per proseguire gli amati studi di agraria. E fu così.

Mi mancava la casa sulla riva del Nilo, e mi mancava anche l'atmosfera studentesca e il soffio di libertà che mi procurava. Non vedevo l'ora di rivedere le mie amiche, con cui passeggiavo per il campus senza limiti d'orario. Avevo anche fretta di ritrovare l'atmosfera febbrile della preparazione degli esami, quando lasciavo la casa di mia zia per trasferirmi per qualche giorno nelle camere del dormitorio. Era lì che, nelle prime ore del mattino per approfittare del fresco, ci suddividevamo in gruppi di studio. Avevamo messo a punto un'imbattibile tecnica di ripasso: ognuna di noi sceglieva un capitolo, lo studiava alla perfezione, si documentava in biblioteca per saperne ancora di più e lo spiegava alle altre. Alcune di noi erano insegnanti impareggiabili! E dopo lo studio, andavamo a prenderci un tè dalla venditrice che si era installata accanto alla porta del dormitorio. Con la testa interamente occupata dagli esami, finivamo per dimenticare il dramma della quotidianità sudanese. Mi facevano bene quei brevi periodi di spensieratezza...

Il rientro non fu affatto spensierato. Insieme agli altri studenti, che erano stati arrestati e poi esclusi dalle lezioni per il resto dell'anno, fui convocata dai servizi di sicurezza, duramente rimproverata e obbligata a firmare un documento con il quale mi impegnavo a non partecipare più ad attività politiche e, a maggior ragione, a manifestazioni e ad altre forme di protesta. Mi impegnavo anche a non scrivere volantini o articoli. Giurai, firmai e ripresi gli studi, ripromettendomi di non venir meno al giuramento. Volevo quel diploma, il prezzo della mia indipendenza futura. Avevo già perso due anni, e non era proprio il caso di perderne altri!

All'università ho scoperto "le classi miste" che, a livello scolastico, in Sudan non esistono. Com'era innocente quanto accadeva! Che cosa vuol dire una "relazione sentimentale" tra studenti sudanesi? Prendere insieme un tè alla caffetteria del campus, rientrare insieme nelle aule, non in *tête à tête*, ma insieme ad altri compagni di corso, senza lasciar minimamente supporre l'inizio di una possibile relazione platonica. Nella stagione secca le coppiette si incontravano lungo il grande canale che, durante le piogge, drenava le acque. Erano sempre uno di fronte all'altra, mai fianco a fianco. Non stavano vicini, non si tenevano neppure per mano, non si sfioravano, si limitavano a chiacchierare, a sorridersi teneramente, controllando, di tanto in tanto, che non arrivasse uno degli studenti, autopromossisi custodi della moralità, a rimproverarli o magari a denunciarli. Il canale l'avevamo soprannominato "angolo degli innamorati". Certamente non era frequentato dalle coppiette islamiste il cui comportamento ci lasciava a bocca aperta. E come avremmo potuto non restarlo vedendo quei ragazzi barbuti e quelle ragazze interamente coperte dal *niqab*, il velo integrale, che conversavano tenendosi a quattro metri di distanza... e voltandosi la schiena? In fondo era uno spettacolo desolante, ma cercavamo di riderci su. E poi, non era già una trasgressione ai dettami degli *Ansar al-Sunna*, letteralmente "i difensori dell'ortodossia", quella commessa dal giovane barbuto che sussurrava parole dolci alla sua bella, sia pure a quattro metri di distanza e senza guardarla? Tanto più che, di anno in anno, la distanza tra i piccioncini si riduceva a poco a poco...

Si formavano dei gruppetti anche attorno alle venditrici di tè, che stendevano dei tappeti di iuta direttamente sul terreno e vi sistemavano dei miseri sgabelli su cui potevamo sederci. Le venditrici erano numerose, più ancora che in città, e anche nel campus erano una sorta di istituzione. Ogni gruppetto aveva la "sua" venditrice preferita, che chiamava per nome e attorno alla quale di riuniva. "Rifacevamo il mondo", semisdraiati sul tappeto, sorseggiando carcadè, tisane di ibisco, tè aromatizzati al cardamomo o alla menta, caffè molto zuccherati. Le venditrici, donne del popolo perlopiù analfabete, ci facevano credito fino alla fine del mese, e anche oltre, se non potevamo cavarcela diversamente. Non annotavano le nostre consumazioni su un foglietto o su un taccuino per il semplice motivo che non sapevano scrivere: si fidavano e certamente la maggior parte di noi si comportava onestamente, perché nessuna di loro si lamentava mai di non essere stata pagata e neppure rifiutava di servire chi non aveva due monetine con cui pagare il tè.

Di tanto in tanto organizzavamo delle serate. Evidentemente non si parlava certo di ballare, dal momento che la legge sudanese vieta qualsiasi tipo di ballo, e a maggior ragione il "ballo misto" ovvero quello in cui un uomo balla con una donna. O meglio, se inizialmente questa legge proibiva qualsiasi tipo di danza, di fatto finì per riabilitare le danze maschili, per il semplice motivo che Omar al-Bashir amava danzare, come peraltro molti capi di stato africani: ne fu testimone il mondo intero all'indomani della sua condanna da parte della Corte penale internazionale, nel marzo del 2009.

Quanto a noi, si trattava di serissime serate culturali,

letterarie o teatrali. Si tenevano in un'apposita tenda, in cui, in due o tre occasioni, avevamo persino organizzato delle mostre di pittura e di calligrafia. Ovviamente erano serate "miste", cui partecipavano studenti e studentesse, ma le coppie non si tenevano per mano e nessuno si sarebbe mai sognato di scambiare il più piccolo bacio con un rappresentante dell'altro sesso. Eppure, agli occhi degli studenti salafiti la nostra audacia andava oltre ogni limite. Maschi e femmine che si riunivano per divertirsi? Per dissuadere gli studenti dal partecipare alle nostre serate dapprima usarono la persuasione, poi ricorsero alle minacce. Ma poiché le serate erano la nostra unica boccata di ossigeno, avevamo lasciato cadere i loro consigli e non ci eravamo lasciati spaventare. Allora ricorsero a un'altra tecnica: prima dell'inizio della serata, mettevano mano all'impianto di irrigazione allagando la tenda e rendendola inaccessibile.

Decidemmo dunque di organizzare le serate all'aperto, in un luogo che restava segreto fino all'ultimo minuto, o quasi. All'epoca i cellulari non esistevano e gli inviti circolavano con il passaparola. E circolavano alla velocità del fulmine: trovarci la sera per discutere molto seriamente delle caratteristiche di un certo autore classico o per commentare un'opera contemporanea era per noi un'azione di resistenza e non un semplice passatempo. Questo giochino sarebbe potuto durare fino alla fine dei miei studi se l'amministrazione non avesse preso il posto degli islamisti, probabilmente in seguito alle loro pressioni. Per gli studenti che alloggiavano nei dormitori, ed erano la stragrande maggioranza, il permesso di libera uscita fu così anticipato da mezzanotte alle undici, e poi rapidamente portato alle nove. Per le nostre serate era la fine. Come unico diversivo ci restavano soltanto i dibattiti politici, che si tenevano sotto un albero in pieno giorno, due o tre volte la settimana. Io non mancavo mai.

Il mio primo anno di studi a Wad Madani – quello in cui potei frequentare le lezioni dall'inizio alla fine del corso – fu caratterizzato da frequenti viaggi di andata e ritorno a Khartoum. Infatti, avevo deciso di portare avanti parallelamente i due corsi, quello di agraria che mi stava a cuore, e quello di comunicazione che mi aveva impegnata l'anno precedente. Davo la priorità alle lezioni di agraria, ma recuperavo quelle di comunicazione studiando nel silenzio della mia camera e mi presentavo agli esami dell'università del Sudan, riuscendo a superarli. Filò tutto liscio fino agli esami di fine anno, le cui date coincisero nelle due università. Senza esitazione, ma anche senza rimpianto, diedi la priorità al diploma di agraria, conclusi l'anno e tornai a Omdurman per le vacanze estive. Soltanto per puro caso venni a sapere dell'esistenza, nell'università del Sudan, di una sessione speciale di esami, una sorta di sessione di recupero, destinata ai *mujahiddin*, ovvero coloro che combattevano la guerra santa. Mi iscrissi come *mujahida*, come se in un modo o nell'altro avessi preso parte alla *jihad*. A dire il vero non ci fu alcun bisogno di fornire una prova concreta di questa partecipazione: fu sufficiente pagare una tassa aggiuntiva. Sostenni dunque gli esami insieme agli jihadisti, li superai e ottenni così il mio primo diploma in scienza della comunicazione.

Iniziai il terzo anno della facoltà di agraria quando, nella mente contorta delle autorità sudanesi, politiche e accademiche, spuntò un'idea nuova che doveva consentire di tutelare meglio l'islam. Il loro islam, ovviamente. Fu istituita una polizia universitaria incaricata di vegliare sui comportamenti degli studenti e di allontanarli dai loro stessi demoni. Questa polizia, che esiste ancora in tutte le università sudanesi, impone regole non scritte e sempre più assurde, applicando sanzioni che sarebbero comiche se non distruggessero irrimediabilmente la vita di persone giovani, di ragazze e delle loro famiglie.

Mi imbattei nei primi "agenti" di questa particolarissima polizia all'ingresso dell'università, dove si erano appostati con un compito che non dispiacerebbe affatto a molti degli uomini che conosco: osservare le ragazze, esaminarle dalla testa ai piedi, di fronte, di schiena e di profilo; valutare se il vestiario è sufficientemente castigato e tale da consentire loro di entrare nel campus; controllare che non portino i pantaloni, che il colore dell'abito non sia troppo sgargiante e l'*hijab* sufficientemente coprente. Dopo qualche settimana, questa polizia universitaria accolse i primi "agenti donne", che con zelo ancora maggiore presero ad assolvere il loro compito.

Altri poliziotti controllavano l'università: gli edifici, i corridoi, le aule, i giardini e ovviamente i dormitori. Assolvevano scrupolosamente il loro incarico: sorvegliare le coppie in nome di Allah. Intervenivano se un ragazzo e una ragazza si isolavano, ovvero se si allontanavano di qualche metro dal gruppo di amici, come se fosse obbligatorio avere un gruppo di amici. Intervenivano se un ragazzo e una ragazza non stavano a rispettosa distanza l'uno dall'altra, all'incirca un metro, e non volevano sentir ragione se i due tentavano di spiegare loro che stavano cercando di risolvere un problema di matematica o di fisica, cosa che richiede di chinarsi sullo stesso libro o sullo stesso quaderno. D'altronde era molto meglio non cercare di fornire spiegazioni e ubbidire alle loro ingiunzioni senza aprire bocca, così da non offrire loro la possibilità di immaginare un atto di ribellione, punibile da parte delle autorità accademiche con sanzioni che possono arrivare all'espulsione.

Nel 2009, nell'università di Khartoum, la polizia universitaria ha arrestato due "peccatori": uno studente e una studentessa che preparavano gli esami nella biblioteca del campus. Di solito la biblioteca è assai affollata, ma per qualche motivo, forse perché era l'ora della preghiera o perché era da poco passato mezzogiorno, quando su Khartoum si abbatte una cappa di calore che toglie il respiro, i due giovani erano soli. Per i nostri guardiani della moralità era davvero troppo: non si limitarono a rimproverarli, ma immediatamente li accompagnarono dal direttore che, seduta stante, li fece comparire davanti a un consiglio disciplinare in cui non esiste alcun diritto alla difesa. Il consiglio decretò la loro espulsione immediata dall'università. Nelle settimane seguenti la vicenda fu ampiamente commentata a Khartoum, suscitando l'indignazione popolare. Poiché ero alle prese con il mio processo per aver indossato i pantaloni, non ho seguito la vicenda fino in fondo, pertanto ignoro se la ragazza sia stata portata in un commissariato e frustata, ma è probabile.

Nei miei cinque anni di università mi sono tenuta alla larga dalle attività politiche e dalle manifestazioni, perché così avevo promesso. Mi sono anche tenuta alla larga dalle storie d'amore che mi avrebbero causato noie con i guardiani della moralità, perché non so tacere e non so nascondermi.

In effetti, la mia promessa resse per quasi cinque anni. Stavo terminando l'ultimo anno di studi quando, nell'università di Khartoum, le manifestazioni degenerarono. Uno studente dell'ultimo anno di giurisprudenza, Mohamed Abdel Salam, la cui famiglia abitava a Wad Madani, era stato arrestato dalle forze dell'ordine e l'indomani il suo cadavere venne ritrovato in strada: era evidente che era morto sotto i colpi degli agenti, probabilmente durante l'interrogatorio. Fu l'inizio di una serie di violente proteste nelle università di tutto il paese e in particolare di Madani. A quel punto non riuscii più a tenere fede alla mia promessa: scesi in strada, partecipai alle manifestazioni, scrissi e firmai volantini. Lessi le pubblicazioni degli studenti islamisti vicini a Hassan Turabi, che annunciavano la *jihad* per «purificare l'università». Li vidi, armati di machete, affrontare i "rivoltosi", vale a dire gli altri studenti che si erano muniti di pietre. Era anche stato designato un imam, pronto a pronunciare una *fatwa*, un decreto religioso, che legittimasse l'uso delle armi da fuoco da parte dei lealisti, qualora fosse divenuto necessario. Le forze dell'ordine non intervenivano: perché farlo dal momento che altri si incaricavano di compiere il "lavoro sporco" al loro posto? I nostri amici, coloro con cui condividevamo, se non le idee, almeno i pasti, i banchi, le discussioni nei giardini, erano diventati i nostri nemici. Le autorità non avevano alcun bisogno di agire: era bastato dividerci e approfittare del frutto di questa divisione, creando una legione di persone compiacenti, senza doversi sporcare le mani. Oggi, quando mi si parla dei *Janjawid* (le orde di miliziani reclutati dalle autorità sudanesi) che, nel Darfur, massacrano, violentano e deportano coloro che fino a ieri erano i loro vicini, mi viene subito in mente il ricordo di queste manifestazioni, il ricordo di questi studenti con cui avevamo condiviso il pane, il sale e le risate; compagni di corso che, reclutati da quelle stesse autorità, hanno brandito i loro machete contro di noi. Con queste manifestazioni ebbe inizio la violenza studentesca, una violenza organizzata e selvaggia, che non si era mai vista prima, quando ci si limitava agli alterchi. Esattamente come nel Darfur, dove le diverse tribù conoscevano scontri occasionali, ma dove la violenza scatenata dall'intervento delle autorità ha portato a massacri.

E dunque ho manifestato, ho stilato volantini e non ho mantenuto la promessa. Sono stata arrestata, non sono stata trattenuta a lungo, solo poche ore, il tempo di ricevere un messaggio: se non lasciavo immediatamente l'università, avrei subito la stessa sorte di Mohamed Abdel Salam, lo studente assassinato a Khartoum. Non persi tempo a sistemare le mie cose e lasciai Wad Madani, cacciata una seconda volta dall'università, a poche settimane dagli esami: li avrei sostenuti, e superati, due anni dopo, quando, dopo la rottura tra Omar al-Bashir e Hassan Turabi, il rettore dell'università, il prefetto della regione e il responsabile della sicurezza nazionale furono sostituiti. Per intanto, una volta di più mi rifugiai a Omdurman, in casa di mia madre.

Mi restavano la penna e il diploma in scienza della comunicazione. Mi affrettai dunque ad affrontare l'esame di abilitazione alla professione di giornalista e lo passai al primo tentativo.

Era il 1998 e, nei sobborghi di Khartoum, la ditta farmaceutica Al-Chifa era appena stata bombardata dagli americani che sospettavano fabbricasse gas nervino. Il governo sudanese si era affrettato a negare, tuttavia per precauzione aveva scelto di adottare una linea politica un po' meno radicale di quella seguita fino a quel momento. Quanto a me, non vedevo l'ora di poter raccontare l'attualità, senza reticenze e senza ipocrisia, per smuovere le acque. La realtà non avrebbe tardato a ricordarmi che ero sì una giornalista, ma una giornalista del Sudan.

Capitolo Cinque

NO!

La prima porta a cui ho bussato non era quella buona. Si trattava di un quotidiano di Khartoum, dove era stato assunto uno dei miei compagni di corso. Il redattore capo mi aveva dato appuntamento, mi aveva ricevuta, mi aveva chiesto di parlargli delle mie collaborazioni a testate sudanesi in esilio e al trimestrale «Al-Chakika», «La sorella», pubblicato dalla sezione femminile del Partito unionista democratico, cui mi sentivo vicina quando frequentavo il liceo e l'università, pur senza avervi mai aderito.

L'anno precedente avevo partecipato alla fondazione di questo giornale, cui collaboravo gratuitamente, inviando articoli sulle questioni che continuavano a starmi a cuore: la donna, le leggi e la loro applicazione. Ero molto fiera delle mie "incursioni" giovanili nel mondo della stampa, eppure il redattore capo mi mise alla porta senza tanti complimenti. La sera, il mio compagno di corso mi telefonò. Voleva essere rassicurante, ma si sentiva in imbarazzo: «Non prendertela, lavori bene, non hanno valutato il tuo lavoro. Di fatto non l'ha preso in considerazione».

«Ma cerca giornalisti!»

«Sì, ma giornalisti uomini. È contrario al lavoro femminile.»

Mi ci sono voluti giorni per riprendermi dallo shock. Ero sconvolta non per la mancata assunzione, ma per il crollo delle mie illusioni. Com'ero ingenua! Avevo dimenticato che i giornalisti facevano parte della società, che ne erano il frutto. Li avevo messi su un piedistallo, vedendo in ognuno di loro un individuo necessariamente illuminato, necessariamente aperto, necessariamente paladino dei diritti dell'uomo e della dignità dell'essere umano.

I due appuntamenti successivi furono parimenti deludenti. Uno era stato con un imprenditore che aveva dimostrato una grande volgarità nei confronti dei giornalisti, e l'altro con un uomo cui mi sembrava piacessero un po' troppo le donne.

La stampa sudanese è ricca di testate. Dopo molte perplessità sulla strada che io stessa mi ero scelta, finii per bussare alla porta di un quarto quotidiano, ripromettendomi che sarebbe stato l'ultimo tentativo. Scottata dalle esperienze precedenti, entrai senza troppe illusioni nell'ufficio del proprietario di «Al-Raï al-Akhar», «L'altro parere». Ne uscii un'ora dopo con un contratto di collaborazione in base al quale sarei stata pagata un tanto a cartella.

Ovviamente avevo rivelato le mie ambizioni ad Abdallah Rizk, tuttavia, come inizio, mi furono assegnate le pagine di "varia", dedicate ad argomenti leggeri o insoliti. Fu così che finii per non ignorare quasi più nulla della movimentata vita di attori e cantanti arabi, nonché dei retroscena dei feuilleton egiziani e dei film siriani, per non parlare delle feste organizzate a Khartoum e all'estero dai miliardari sudanesi! Mi piaceva scrivere, anche se gli argomenti erano abissalmente lontani dalle mie preoccupazioni e aspirazioni. In ogni caso continuavo a interessarmi soprattutto alla vita del mio paese, o meglio alla sua sopravvivenza, dal momento che le condizioni di vita erano divenute molto difficili.

Le pagine di "varia" ospitavano un trafiletto quotidiano, poche righe incisive e molto lette, stilate da una grande giornalista della radio sudanese, oggi deceduta, Leila el-Maghrebi. Non so se Abdallah Rizk scherzasse o fosse serio quando, alla prima assenza di Leila, infilò la testa nell'ufficio in cui lavoravo io, dicendo: «E tu, non hai qualche idea per il trafiletto?».

«Ne ho una! Gliela porto subito!»

La mia era stata una sparata. Ora però dovevo trovare l'idea. Uno dei nostri vicini doveva partire quel giorno stesso per il servizio militare, senza il quale non avrebbe potuto ottenere il diploma universitario, e poiché i suoi genitori erano comuni cittadini, senza appoggi nel regime, era molto probabile che dopo poche settimane venisse mandato al fronte, dove era in corso una vera carneficina. Ebbi l'idea di giocare sulla parola "*chahada*" che, in arabo, significa sia "diploma" sia "martirio". Il mio trafiletto conteneva una frase: «Ha voluto la sua *chahada*; ai suoi genitori sono venuti ad annunciare che la *chahada* l'ha avuta». Il trafiletto fu pubblicato con la mia firma. E così pure il successivo: «Era chiuso nella loro prigione, ma lo hanno fatto uscire. L'hanno portato nella loro stalla e lo hanno legato a un palo. "Adesso sei libero" gli hanno detto». Questo trafiletto lo scrissi quando fu promulgata la legge che autorizzava i partiti politici, ma a condizioni talmente restrittive da risultare umilianti...

Da quel momento in poi fui ufficiosamente nominata sostituta di Leila el-Maghrebi. Quando si assentava, e ultimamente le capitava sempre più spesso, la sostituivo ispirandomi all'attualità politica, sociale, culturale e all'atmosfera del momento per stilare un paio di frasi, poche righe il cui obiettivo era però di essere graffianti. Non passò molto tempo prima che osassi proporre il mio primo articolo importante: un'analisi approfondita della violenza studentesca che poche settimane prima aveva dilaniato il Sudan e di cui ero stata testimone a Wad Madani.

L'argomento era delicato, la censura lo avrebbe certamente esaminato, e una semplice frase avrebbe potuto provocare la chiusura del giornale. Abdallah Rizk rilesse il mio articolo, smussò qualche asprezza e io ricevetti la mia prima lezione sull'arte di aggirare le regole non dette, sempre non dette, dei censori sudanesi. Da quel momento fui rapidamente promossa alla rubrica politica del quotidiano, che riempivo con interviste a responsabili del governo e dell'opposizione. Ero stata in contatto con alcuni di loro quando militavo all'università, e passare dall'altra parte della barricata non smetteva di stupirmi. Il nostro caporedattore, Kamal Bakhit, che mi sosteneva, inviò una delle mie prime interviste a un quotidiano arabo con base operativa a Londra, che lo pubblicò. Ironia della sorte, il proprietario del primo giornale cui mi ero rivolta, proprio colui che riteneva che le donne dovessero restarsene in casa, ne pubblicò lunghi estratti. Senza supporre, penso, che l'autore fosse la giovane giornalista da lui stesso messa alla porta solo poche settimane prima.

Meno di un anno dopo, Kamal Bakhit lasciò «Al-Raï al-Akhar» per passare a un altro quotidiano, «Al-Sahafa»,

«La Stampa», fondato nel 1961 da colui che sarebbe poi diventato mio marito, Abdel-Rahman Mokhtar. Nel 1970 «Al-Sahafa» era stato nazionalizzato da Gaafar Nimeiry, salvo poi essere restituito al suo proprietario che, stanco delle grane causategli dal potere politico e dalla censura, lo aveva messo in vendita nel 1985, anno della caduta di Nimeiry, quando gli era stata riconsegnata l'autorizzazione alla pubblicazione. A ogni buon conto, con il passare del tempo quella testata, divenne un mito. Infine, per una ragione che lui stesso non riusciva a spiegarsi, Abdel-Rahman Mokhtar, che si era riconvertito con successo nel campo degli affari, decise, quattordici anni dopo, di rilanciare il suo giornale. Come imponeva una nuova legge, dovette però associarsi con altre persone e fondò una società a cui cedette l'autorizzazione alla pubblicazione. Il suo progetto era ambizioso: un quotidiano di sedici pagine (gli altri quotidiani si limitavano a dodici), tutte a colori (una novità in Sudan) su cui avrebbero scritto penne importanti, arabe e sudanesi, e a cui non sarebbe mancata la voce di oppositori ed esiliati.

Kamal Bakhit mi propose di seguirlo in questa nuova avventura e io non esitai. Lo seguii. Quale fu la mia emozione quando scoprii la piccola costruzione bianca in cui era situata la redazione! L'emozione di firmare il mio primo, vero contratto di lavoro, un contratto di dipendente e non più di collaboratrice a cottimo. L'emozione proveniente dal mio passato, con il ricordo della bambina piena di gioia di vivere che, in un giorno di maggio del 1976, si vide sulle pagine di un giornale. Quella bambina ero io. Soffiavo su tre candeline, e mio padre mi aveva festeggiato regalandomi la pubblicazione di quella fotografia. Per molto tempo ho conservato una copia di quel giornale...

Ero stata assegnata al settore inchieste. Condividevo un ufficio con due colleghi, uno dei quali era Abdallah Rizk, che era venuto con noi; la stanza era sufficientemente grande per far sì che non ci dessimo fastidio a vicenda, e gli altri giornalisti, così come gli occasionali visitatori, vi si fermavano volentieri, per discussioni che spesso erano animate e sempre libere. Li divertiva il mio desiderio di scrivere, una vera e propria bulimia: riempivo pagine e pagine con un piacere non dissimulato e il mio entusiasmo, che sembrava infinito, faceva loro comodo. Una volta alla settimana, ogni giornalista aveva il diritto di pubblicare un articolo di opinione, con tanto di firma e di fotografia. Io aspettavo il mio turno con impazienza: da così tanto tempo desideravo di potermi esprimere! Certo, durante le manifestazioni studentesche avevo stilato manifestini, li avevo firmati con il mio nome, li avevo attaccati ai muri ed ero arrivata persino al punto di passare ore intere a sorvegliarli, cacciando i "lealisti" che venivano a strapparli, a scarabocchiarli o a inzupparli con getti d'acqua. Ora però esprimevo le mie opinioni su un giornale, non su un volantino. Non mi rivolgevo più a qualche centinaio di studenti, ma a decine di migliaia di lettori. E soprattutto si trattava del giornale della mia infanzia, che mio padre lasciava sul divano quando era a casa, il giornale di cui si fidava per essere informato, il giornale che citava.

I miei colleghi erano meno bulimici, anzi, per loro scrivere era un mestiere e alcuni ne avevano persino paura: questo è un lavoro che diventa delicato quando si tratta di barcamenarsi tra le insidie della censura senza rinunciare a esprimere la propria opinione. A furia di autocensurarsi, costoro avevano perso il gusto della cronaca e si rifugiavano in articoli di maniera. Altri fingevano una malattia o quant'altro per nascondere la loro pigrizia. Così sono gli esseri umani. Se mi mettevano a parte del loro imbarazzo, io mi buttavo, coglievo al volo l'occasione, venivo loro in aiuto realizzando nel contempo le mie ambizioni. I miei servizi di cronaca divennero più regolari: due, poi tre, poi quattro volte la settimana. Quando lo riteneva necessario, Kamal Bakhit li edulcorava, tuttavia ben presto si rese conto che ormai avevo imparato le regole del gioco, e mi lasciava scegliere gli argomenti. A questo punto mi sento in dovere di ringraziare alcuni cronisti che hanno guidato i miei primi passi, che mi hanno insegnato a maneggiare le idee e mi hanno fatto da maestri, a cominciare da Al-Hajj Warak, un grande nome della stampa sudanese.

La prassi di una colonna al giorno si impose da sola e fu annunciata dalla direzione del giornale, suscitando la disapprovazione di alcuni colleghi, anche di quelli che, fino al giorno prima, erano contenti di sbarazzarsi, grazie a me, di quella che consideravano una "corvè". Fecero notare che solo le grandi firme e i giornalisti affermati avevano una colonna quotidiana su «Al-Sahafa»; insistettero sulla mia giovane età, sulla mia foga e sulla mia inesperienza, ma i responsabili non tornarono sulla loro decisione, ritenendo che avessi fornito prove sufficienti delle mie capacità, tanto più che molti lettori telefonavano al giornale quando, per un motivo o per l'altro, non scrivevo nulla. Con il passare delle settimane il malumore dei miei colleghi cominciò a diminuire fino a sparire del tutto.

Fu così che mi appropriai di *Parole di uomini*, la cronaca che in Sudan mi valse la celebrità. A seconda dell'attualità, dei miei spostamenti o del mio umore, affrontavo argomenti diversi e vari. Avevo tirato fuori le unghie quando era stata annunciata una *fatwa* che autorizzava l'autostop in nome del principio coranico del mutuo soccorso e facendo riferimento a un *hadith*, un detto del profeta. La *fatwa* godette di una grande campagna pubblicitaria, con pannelli giganti che tappezzavano le grandi arterie e le vie di accesso ai ponti sul Nilo. Ora, personalmente non ho nulla contro l'autostop, anche se ritengo che possa rivelarsi pericoloso per il conducente o per il passeggero, ma non ero disposta a sorvolare sulle contraddizioni. Una *fatwa* autorizzava dunque una donna a fermare un uomo, purché al volante di una macchina, per salire sulla sua vettura. Ma, sempre nel "regno di Ubu", un uomo e una donna non possono viaggiare insieme su una macchina se non sono legati da vincoli di sangue o dal matrimonio. Secondo questa *fatwa*, applicata dai poliziotti quando fa loro comodo, o ignorata quando non è così, un'autostoppista non ha nulla da temere, mentre una lavoratrice, che riceva un passaggio da un collega, viene condotta al commissariato, processata e fustigata. È stata questa contraddizione, che ho additato insieme a molte altre, a valermi le congratulazioni di molti lettori e i fulmini, le critiche e persino le minacce di altri.

Ho osato porre, certamente in modo indiretto e ampolloso, la questione della legittimità della guerra santa nel Sud del Sudan. In quel periodo lo stato aveva imposto il dannoso principio dell'autocensura, lasciando il giornale e i suoi giornalisti responsabili dei loro scritti e delle conseguenze che questi scritti potevano avere sul loro giornale e su loro stessi. Il giorno della pubblicazione di questa norma, siamo rimasti nel timore di vedere la polizia piombare nei nostri locali: la minima violazione ai principi non scritti dell'autocensura poteva causare le più pensanti sanzioni. Fortunatamente Kamal Bakhit aveva passato la cronaca al setaccio, per cui abbiamo evitato la sorte toccata ad «Al-Raï al-Akhar», il quotidiano con cui avevo iniziato la carriera giornalistica. In effetti, poco dopo averlo lasciato, il giornale era stato definitivamente chiuso (non si trattò di una semplice sospensione) per ordine di Omar al-Bashir con l'accusa di vilipendio dell'islam. In questo modo la presidenza della repubblica esprimeva la propria disapprovazione nei confronti di un articolo in cui si parlava dei nuovi edifici in costruzione sulla riva del Nilo: una grande moschea che dava le spalle al fiume, l'università coranica in posizione analoga e un albergo di lusso al posto del giardino zoologico di Khartoum, uno dei più antichi dell'Africa. In modo indiretto, e con molta prudenza, il giornalista si chiedeva se altri progetti non sarebbero stati più utili alla popolazione e al turismo, sapendo che in molti altri luoghi si possono costruire moschee, università e alberghi. Ma evidentemente si trattava di una domanda proibita...

Ho scritto *Youyous youyous* a proposito degli *youyou* di gioia delle donne quando, nel 2002, il governo riprese le trattative con l'esercito sudista di John Garang. Mi sono impegnata a fondo per la firma di un accordo di pace, a costo di mettere nei guai il mio giornale. Ho additato le contraddizioni dei nostri negoziatori quando, colti da incomprensibili scrupoli in cui non vedevo che ricatto, al momento della firma mandarono tutto a monte con la scusa che l'altro firmatario era un esercito, lo SPLA, l'Esercito di liberazione dei popoli del Sudan. «Non c'è che un solo esercito, l'esercito sudanese» avevano dichiarato scandalizzati, chiedendo innanzitutto lo scioglimento dello SPLA. In linea di principio avevano forse ragione, ma, nel 1997, non avevano già firmato loro stessi un accordo con i dissidenti dello SPLA, che a loro volta si autodefinivano "esercito"? Perché il nostro governo si nascondeva dietro simili quisquilie, se non per mascherare le sue cattive intenzioni? L'accordo non poteva far altro che firmarlo con l'avversario, indipendentemente dal nome che quest'ultimo si era dato. Io, che mi attendevo dei veri negoziati di pace, unica garanzia di stabilità per il Sudan, non capivo perché ci si ostinasse in una guerra assurda, ostacolo insormontabile alla ripresa del turismo che, quando avverrà, sarà una manna per il nostro paese, come lo è per l'Egitto, il nostro vicino del Nord, e il Kenya, il nostro vicino del Sud.

Nel 1999, Hassan Turabi, all'epoca presidente del parlamento, si scagliò contro il suo alleato Omar al-Bashir. Il parlamento fu sciolto, Turabi fu imprigionato, venne decretato lo stato d'emergenza e su tutti i media si rafforzò il controllo. Omar al-Bashir non si fidava più dell'autocensura, per cui a ogni testata vennero ben presto affidati due censori.

Arrivavano al giornale nelle prime ore della sera, con il viso ingrugnito e poca propensione allo scherzo, si installavano nell'ufficio del caporedattore e, muniti di penna stilografica, cominciavano a leggere. Ovviamente venivano consegnate loro tutte le pagine del giornale!

Con sussiego, i censori cancellavano le frasi e persino gli articoli che non erano di loro gradimento, cerchiavano malignamente le parole che non piacevano loro, non giustificavano le loro scelte, non spiegavano le loro regole. Una certa idea otteneva il loro imprimatur un giorno e l'indomani veniva vietata. Un certo nome e una certa parola perdevano, non si sa perché, diritto di essere citati, e quarant'otto ore dopo erano riabilitati. Quanto a noi, riprendevamo la copia, riscrivevamo quello che doveva essere riscritto senza fare alcuna domanda né osare la minima contestazione. L'attualità e la cronaca erano oggetto di un'attenzione particolare.

Finii per abituarmi a vedere le mie cronache sforbiciate dai censori e presi l'abitudine di tenere sempre pronto un secondo articolo, più banale, per sostituire il "corpo del reato" qualora avesse sofferto eccessivamente sotto le loro cesoie. I miei articoli erano sistematicamente censurati, anche quando erano stati precedentemente letti e riletti dal caporedattore, che smussava gli angoli e addolciva il linguaggio. Infine, a furia di frequentare giornali e giornalisti, alcuni censori si montarono la testa: non si accontentavano più di cancellare, scrivevano. Una certa idea non era di loro gradimento? In margine ne annotavano una opposta. Mi ero rassegnata a che le mie frasi venissero tagliuzzate, mi ero rassegnata a non poter scrivere quello che pensavo, ma non era davvero ammissibile che mi si facesse affermare l'opposto di quello che avevo in mente e che mi si facesse firmare quello che non volevo dire.

«Proporrò loro di scambiarci di posto. Loro verranno il mattino a scrivere, e io verrò la sera a rileggere» inveivo nello studio del caporedattore.

Ironia della sorte, molti censori finirono per superare effettivamente l'esame di abilitazione alla professione di giornalista. Ed ecco che molti sono diventati giornalisti e alcuni firmano persino articoli pubblicati sui giornali sudanesi.

Non avendo impegni di famiglia, potevo aspettare che arrivassero al giornale e sorvegliare io stessa che fine facessero i miei articoli. Io scrivevo, loro tagliavano. Io riscrivevo, loro tagliavano di nuovo. Fino a quando rinunciavo e tiravo fuori il secondo pezzo, dedicato a un argomento banale. Questo gioco sembrava divertirli, ma per me era esasperante.

I censori ricevevano ordini precisi o agivano in base al proprio umore o al giornalista che aveva firmato il pezzo? Propenderei per la seconda ipotesi. Peraltro, loro stessi erano strettamente sorvegliati e se lasciavano passare una parola o una frase che avevano la sfortuna di non piacere ai loro superiori, probabilmente finivano per passare un brutto quarto d'ora. Si vendicavano poi sul giornalista "responsabile" del loro richiamo all'ordine: per una settimana o più costui non poteva scrivere. Beninteso senza che gli venisse detto espressamente; ma tutto quello che scriveva veniva depennato, censurato, non pubblicato. Come mi sembrava dolce il periodo in cui frequentavo l'università, quando discutevo faccia a faccia con gli studenti islamisti che si erano autoproclamati censori e si accanivano contro i miei manifesti!

Allora li strapazzavo, difendevo fisicamente i miei fogli, sostenevo ad alta voce le mie idee. Adesso era diverso. Invece di battermi per i miei scritti, correggevo il mio povero testo censurato.

Un giorno ne ebbi abbastanza. Annunciai ai miei

lettori, e contemporaneamente ai miei censori, che per *Parole di uomini* era arrivato il momento di cambiare. Poiché mi si vietava di affrontare temi politici, argomenti di carattere sociale e persino tematiche culturali, la mia cronaca sarebbe diventata culinaria. Già dall'indomani misi in atto la svolta pubblicando la ricetta della *Oum roukeyka*, una specialità locale a base di gombo, essiccato e macinato.

Nel mio ufficio, tranquilla circa la sorte del mio articolo e fiera del tiro giocato alla censura, aspettavo il ritorno della copia consegnata ai censori: era piena di rigacce ed era stata riscritta. I pomodori erano stati censurati, così come gli zucchini, e al loro posto erano state inserite le patate. Al ridicolo dell'intera faccenda si sommava l'eresia gastronomica. Era troppo! Ho conservato una copia dell'articolo rivisto dal censore e l'ho spedita all'ufficio delle lagnanze dei cittadini, accompagnata da una lettera in cui chiedevo che mi fosse fatto pervenire un elenco dei legumi vietati, che d'ora in poi mi sarei astenuta dal mangiare e di cui non avrei più neppure scritto il nome. L'ufficio non mi ha mai risposto, ma ho conservato con cura una copia della mia lettera. Per la storia!

Decisi allora di buttarmi su racconti ambientati nel mondo degli animali.

Un tempo, in quel luogo magico che era il parco zoologico di Khartoum, viveva un ippopotamo. Era felice e trascorreva ore tranquille, fino a quando, un brutto giorno, la sua casa fu requisita. Quell'animale felice divenne un povero profugo: le disgrazie non colpiscono soltanto gli esseri umani. La fame lo spinse a risalire il Nilo fino a Omdurman e alle coltivazioni che si estendono lungo le sue rive. Contava sulla generosità dei vicini e si nutriva delle loro piante. Ma, stanchi delle sue incursioni, gli agricoltori gli tesero una trappola. L'ippopotamo, che non sospettava affatto la malafede, vi cadde. Gli agricoltori lo uccisero e mangiarono la sua carne. Questa storia di animali non attirò l'attenzione del censore, che la considerò un innocente racconto per bambini. La mia metafora sul Sudan fu dunque pubblicata integralmente e l'indomani fu al centro delle conversazioni in tutto il paese. Il mio caporedattore trovò da ridire sulla mia follia, ma la censura di stato andò in crisi: poteva certamente rimproverarmi di aver scritto la storia, ma non di averla pubblicata dal momento che l'avevo sottoposta al controllo dei loro agenti che l'avevano approvata!

La mia trovata mi aveva procurato grande soddisfazione. Bastava essere più ipocriti degli ipocriti? Mi lanciai dunque nella commemorazione della morte in combattimento, nel Sud, di un responsabile del regime, rigoroso custode della più stretta ortodossia religiosa, ma noto per la sua attrazione nei confronti dei ragazzotti, attrazione che a Khartoum alimentava non pochi pettegolezzi. «Era un'anima pura in un corpo corrotto» dissero coloro che gli erano vicini. Ma era morto combattendo nel Sud, e dunque era un martire, cosa che non mancai di sottolineare nell'affidare la sua anima ad Allah. Terminai il mio pezzo chiedendo all'Onnipotente di concedergli i suoi favori e di circondarlo di efebi eterni nel paradiso che gli era stato promesso.

Prima di deporre la penna, una delle mie ultime battaglie fu per la pace nel Darfur. Nel frattempo, era stato varato un nuovo sistema di censura che costituiva un mix dei due precedenti. Da un lato, i giornalisti dovevano praticare l'autocensura ed erano ritenuti responsabili di quello che scrivevano. Dall'altro, in qualsiasi momento ogni giornale poteva ricevere visite a sorpresa da parte dei censori, visite ovviamente molto frequenti. Quanto ai censori, se non rileggevano più tutti gli articoli, di certo prestavano molta attenzione a che non si affrontassero "temi proibiti", per esempio i contratti petroliferi segreti, oggetto di una clausola ambigua nell'accordo di pace firmato nel 2005 tra il Nord e il Sud del Sudan, con la supervisione della comunità internazionale. Oppure l'invio di forze internazionali nel Darfur, richiesto a gran voce dal mondo intero, ma in un primo momento rifiutato dal nostro governo. Omar al-Bashir aveva giurato che queste forze internazionali non avrebbero mai messo piede in territorio sudanese, e l'aveva giurato come si fa comunemente, affermando che, in caso contrario, avrebbe divorziato. Quel giorno stesso facevo le congratulazioni al Sudan per l'arrivo delle forze internazionali! In effetti arrivarono, ma sotto un altro nome così da non far perdere la faccia al nostro governo: il contingente era denominato "forza Onu-Unione Africana", incaricata di proteggere gli operatori umanitari e i civili, e di favorire l'attuazione dell'accordo di pace.

Mi ero scagliata contro il concetto di *jihad* applicato alla guerra nel Sud e mi sono scagliata contro i tentativi di applicarlo alla guerra nel Darfur. Poiché gli abitanti del Darfur sono musulmani, per giunta di stretta osservanza, ancora più degli *janjawid*, ovvero dei miliziani, (mentre le popolazioni del Sud sono perlopiù animiste e cristiane), vennero fatte circolare voci che alludevano a pericolosi complotti, voci che lasciavano intendere come il Darfur fosse diventato una base di appoggio per gli Stati Uniti e Israele. Si trattava dunque di collaboratori degli "infedeli", il che spalancava la porta alla guerra santa. Tutte frottole, ho osato scrivere. Poi ci sono stati i sottintesi che giocavano su altre divisioni, in questo caso tra africani e arabi. Ho ridacchiato della patetica fierezza dei sudanesi del Nord di definirsi arabi, discendenti della tribù degli hascemiti della Mecca, quella del profeta. Ma guardatevi allo specchio: siamo tutti neri! Fisicamente siamo vicini agli africani, non agli arabi! Per gli arabi siamo innanzitutto dei neri, degli africani. Peraltro, abbiamo il naso camuso e i labbroni, eppure, sfortunatamente, pochissimi sudanesi se ne rendono conto.

Avevo sempre bisogno di barcamenarmi, avevo sempre bisogno di frenarmi. Eppure ho osato, sono arrivata al limite di ciò che è vietato osando denunciare la corruzione degli apparati dello stato e lo sperpero del denaro pubblico. Ho osato far sentire la mia voce di fronte allo scandalo delle nomine nell'amministrazione pubblica, nomine che non dipendevano dai meriti dell'individuo, ma dalla sua lealtà al regime. Ho osato chiedere perché l'oro estratto dalle miniere del Sudan non figurasse nel bilancio dello stato... e per questo ho ricevuto minacce di morte. Ho osato condannare il terrorismo e applaudire all'ingresso delle truppe americane in Afghanistan. Ma non ho più osato farlo quando sono entrate in Iraq e hanno rovesciato Saddam Hussein.

Nel 2007 ho lasciato il giornalismo. Poco dopo, la sede locale delle Nazioni Unite cercava personale: ho fatto domanda e sono stata assunta. È possibile che un giorno torni a fare la giornalista, perché non ho smesso di aver voglia di informare. Ma sono ancora così stanca di tutte le battaglie che ho condotto...

Capitolo Sei
ABDEL-RAHMAN

Aveva lasciato il giornalismo all'inizio degli anni Settanta, stufo degli ostacoli con cui le autorità cercavano costantemente di limitare la libertà di informazione. A quel punto si era lanciato negli affari immobiliari e aveva persino creato una fabbrica di materie plastiche, tuttavia il suo nome era rimasto un punto di riferimento nel mondo della stampa sudanese e più in generale araba, in cui, di tanto in tanto pubblicava qualche articolo di fondo.

Nel 1999 Abdel-Rahman rilanciava «Al-Sahafa», il quotidiano che aveva fondato nel 1961. Aveva però scelto di tenersi in disparte: nella redazione non aveva un ruolo e nell'organigramma il suo nome figurava come fondatore e membro del consiglio di amministrazione. Veniva al giornale ogni due o tre settimane per discutere con i responsabili la linea editoriale e noi giovani giornalisti non mancavamo mai di salutare con deferenza quest'uomo ancora in forma, pur avendo passato da tempo la sessantina, e il cui curriculum ci affascinava. Noi non avevamo quasi mai lasciato il Sudan e sapevamo che lui aveva viaggiato fuori dai confini del nostro paese e del mondo arabo, che aveva dimestichezza con l'Europa e conosceva bene gli Stati Uniti; sapevamo che aveva incontrato gran parte dei grandi di questo mondo e pubblicato interviste con loro, in particolare un'intervista con Mao che aveva fatto epoca.

Abdel-Rahman Mokhtar aveva un portamento fiero. Era di alta statura, poteva vantare un fisico atletico e uno sguardo penetrante. Portava baffi sottili, i suoi lineamenti, non del tutto regolari, non si notavano per la loro finezza ma per la loro forza, e il suo viso era di quelli che non si dimenticano. Era gentile con i grandi e con i piccoli, rispettoso dei suoi interlocutori a prescindere dalla loro importanza, e questa qualità davvero rara non passava inosservata. Perlopiù vestiva impeccabilmente all'occidentale, anche se talvolta, per civetteria, indossava l'abito tradizionale, la tunica bianca abbinata alla *omma*, un turbante bianco annodato attorno alla testa. Noi lo guardavamo affascinati.

La rinascita di «Al-Sahafa» era ancora di fresca data quando firmai un articolo che ripercorreva la storia del giornale e le sue ambizioni di accogliere autori diversi, compresi i grandi giornalisti arabi e gli scrittori sudanesi emigrati all'estero. Poco dopo fui convocata nell'ufficio del caporedattore, convocazione che si accompagnava sempre a una certa solennità. Mi chiedevo se fossi stata convocata per un rimprovero, eventualità più plausibile, o per ricevere delle congratulazioni. Ma congratulazioni per cosa?

La mia apprensione aumentò di colpo quando, entrando nell'ufficio, vidi Abdel-Rahman Mokhtar. In tutta fretta, ripassai mentalmente i guai che avevo potuto provocare con le mie parole o con i miei scritti. Il mio panico dovette certamente riflettersi sui miei lineamenti poiché, prima ancora che facessi in tempo a rivolgere il saluto consueto, Kamal Bakhit mi indirizzò un gran sorriso: «Tu sai che i tuoi articoli sono apprezzati da molti lettori. Abdel-Rahman Mokhtar è uno di loro».

Con una semplicità disarmante, del tutto insolita nei proprietari di giornali, Abdel-Rahman Mokhtar mi fece i complimenti per l'articolo che avevo appena scritto. Poi evocammo altri articoli, che avevo già scritto o che stavo scrivendo. Mi accorsi così che, pur stando fisicamente lontano dal giornale, seguiva con attenzione la vita di «Al-Sahafa». Il primo colloquio non fu molto lungo, ma ne uscii con un'ammirazione decuplicata per quell'uomo di cui cominciavo a scoprire l'intelligenza e la sagacia.

Da quel momento in poi, ogni volta che faceva una capatina in redazione, Abdel-Rahman mi invitava nell'ufficio del redattore capo, ufficio in cui era solito istallarsi. Parlavamo dei miei articoli, lui ne rileggeva alcuni e li correggeva dandomi consigli, vere e proprie lezioni di giornalismo che mi furono molto preziose. Discutevamo dell'attualità sudanese e io mi ritrovavo appieno nella sua visione del paese e del suo avvenire. Feci i salti di gioia quando mi offrì una copia di un libro che aveva pubblicato e su cui scrisse una dedica augurandomi un avvenire brillante. Ci eravamo scambiati il numero di telefono: mi telefonava spesso, ma le nostre conversazioni non andavano mai oltre l'ambito professionale. Questa amicizia, che non nascondevamo, alimentava l'invidia di alcuni colleghi nei miei confronti; io però non badavo alle frecciatine e alle ripicche che mi procurava. Analogamente non prendevo in considerazione le preoccupazioni dei miei famigliari che temevano di vedermi diventare zitella, condizione che arriva presto nella vita di una ragazza sudanese e che compromette seriamente le sue possibilità di matrimonio. In realtà, ero interamente assorbita dal mio lavoro e sono grata a mia madre per non avermi serbato rancore, e anzi per aver persino preso le mie difese, quando respinsi le offerte di matrimonio di due pretendenti che non erano di mio gradimento.

Mia madre non mi aveva ostacolata neppure quando ero partita per un reportage di tre settimane nella regione del Kordofan, l'area di frontiera tra il Nord e il Sud, in un periodo in cui infuriava la guerra. In effetti, mia madre è sempre stata una delle poche persone che capivano il mio bisogno d'indipendenza, un bisogno che probabilmente faceva eco al suo. Peraltro, anche lei aveva frequentato il liceo e, prima del matrimonio, a sua volta aveva lavorato, sia pure brevemente, come giornalista in una rivista letteraria, «Al-Sabah al-Jadid».

Nel Kordofan, le notti erano contrassegnate dal fragore dei bombardamenti. Di giorno perlustravamo la regione percorrendo strade sterrate lungo le quali si susseguivano carcasse di veicoli più o meno calcinati. «Il tale guidava questa macchina; è morto il tal giorno come *shahid*, come martire» snocciolava dottamente la guida che era stata assegnata al nostro gruppo di giornalisti. Avevo paura e, sinceramente, già mi vedevo come novello *shahid* di questa guerra, eventualità che non mi sorrideva affatto.

In quelle tre settimane avevo scritto molto e i miei articoli erano stati regolarmente pubblicati. Mi ero recata nelle città e nei villaggi per incontrarne gli abitanti. Avevo indagato sulla chiusura delle scuole e scoperto che non era da imputarsi alla guerra, ma alla «rivoluzione nel campo dell'insegnamento», rivoluzione che aveva assegnato l'onere del pagamento dei salari dei maestri della scuola primaria alle autorità locali, senza prevedere un aiuto compensativo a queste comunità da parte dell'amministrazione statale. Il risultato era stato che quelle più povere non avevano i mezzi per pagare i salari: i maestri, che avevano già lavorato un intero anno senza ricevere il becco di un quattrino, se ne restavano a casa, e gli allievi pure. Generazioni di bambini sono così state private dell'insegnamento primario grazie a questa "rivoluzione" e non alla guerra, come affermavano le autorità di Khartoum. Contemporaneamente, nel Kordofan veniva inaugurata una facoltà di pedagogia! Il mio interesse per l'ecologia e i problemi ambientali mi spinse a dedicare uno dei miei articoli alla ricchezza della fauna e della flora di questa regione, ridotta a brandelli a furia di essere contesa per il suo petrolio; raccontavo delle gazzelle e degli uccelli, dei campi di ananas selvatici, delle distese di alberi di papaya le cui cime raggiungevano altezze vertiginose. Piangevo su tanti tesori perduti.

Parlavo anche delle trattative di pace che si tenevano in gran segreto: da poco c'erano state quelle di Belinja. Quante trattative sono state avviate tra il Nord e il Sud del Sudan! Questa volta il colpo di teatro fu a dir poco magistrale: il nostro governo mise agli arresti la propria delegazione, accusata di complotto e di collusione con il "nemico". Avevo persino assistito a una riunione pubblica organizzata dal prefetto della regione del Sud Kordofan, i cui abitanti appartengono perlopiù alla tribù Nuba. Nella sala erano state ammesse ottanta persone: alzavano la mano per porre le loro domande e il prefetto dava loro la parola. Erano state poste una dozzina di domande e la riunione stava per finire quando a mia volta alzai la mano: «Perché non rispondete alle domande dei Nuba che vorrebbero parlare?» chiesi con tono innocente.

«Come faccio a riconoscere un Nuba?» Siamo tutti neri!» ribatté il prefetto con una malafede immediatamente notata dagli altri giornalisti.

Non avevo alcun bisogno di affondare il coltello, di ricordargli cioè che l'abbigliamento dei Nuba era comunque molto particolare e che per giunta conosceva i propri amministrati per nome, ragion per cui non ne ignorava la tribù. Gli echi di quella riunione arrivarono quel giorno stesso alla mia redazione, riferiti da altri giornalisti che assistettero alla scena. Abdel-Rahman mi disse di averne riso di cuore.

Di ritorno a Khartoum seppi che, nei locali di «Al-Sahafa», era stata organizzata una festa per la consegna di un premio alla migliore giornalista dell'anno. Mi ci recai come spettatrice, ma fui sinceramente colpita e commossa quando scoprii di essere io la vincitrice, in gran parte grazie agli articoli e ai reportage che avevo inviato dal Kordofan e che svelavano delle realtà spesso ignorate nel resto del Sudan. Le malelingue non si erano però date per vinte, facendo notare come la giuria fosse composta di due sole persone, Kamal Bakhit e Abdel-Rahman Mokhtar. La loro imparzialità veniva messa in dubbio nonostante la qualità dei miei articoli, citati anche da altri giornali.

Ovviamente mi ero resa perfettamente conto dell'interesse che Abdel-Rahman nutriva nei miei confronti, ma ero convinta che si trattasse di un interesse strettamente professionale e l'idea che potesse essere altrimenti non mi sfiorava neppure. Sapevo che aveva divorziato dalla moglie dopo lunghi anni di convivenza, e che non aveva figli. Circolava voce che sua moglie fosse rimasta incinta quattro volte e altrettante volte avesse perso il figlio che aspettava. Un sudanese medio, preoccupato per la propria discendenza, avrebbe certamente abbandonato questa donna sterile, senza attendere oltre. Oppure si sarebbe preso una seconda o una terza moglie, così come consente la legge sudanese. Ma Abdel-Rahman si era comportato in ben altro modo, un modo assai poco sudanese. Durante le nostre chiacchierate mi parlava infatti della sua concezione della donna, mi diceva di considerare la moglie una compagna di vita, un'amica, e non una semplice gallina ovaiola. Ero rimasta sbalordita nell'udire discorsi tanto moderni, tanto diversi da quelli dei giovani che conoscevo o degli uomini che avevo avuto modo di incontrare. Abdel-Rahman nutriva molto rispetto nei confronti della donna, che considerava un essere umano a pieno titolo, cosa per nulla scontata in Sudan, e con lui mi sentivo perfettamente a mio agio, come non mi accadeva con nessun altro. Si avvicinava ai settant'anni, mentre io ne avevo venticinque, ma in lui avevo finalmente trovato un amico.

Rimasi di stucco il giorno in cui, al telefono e senza alcun preambolo, mi chiese di sposarlo. Pensai che scherzasse e gli risposi scherzosamente. Non insistette, ma nelle settimane seguenti fece qualche allusione alla sua domanda di matrimonio. Finii dunque per capire che aveva parlato seriamente. Eravamo nel 1999 e il mio cuor batteva per un altro, nel modo innocente con cui batte il cuore di una giovane sudanese, tuttavia non volevo offendere Abdel-Rahman e ancor meno ferirlo. Per questo finsi di credere che avesse scherzato.

Un anno dopo Abdel-Rahman annunciava il suo matrimonio con un'italo-eritrea, da cui però divorziò dopo otto mesi. La nuova moglie era entusiasta dell'idea di seguirlo a Londra, dove soggiornava per circa quattro mesi all'anno; era pronta a seguirlo in Arabia Saudita dove i suoi affari lo trattenevano da uno a due mesi l'anno, ma non voleva saperne di abitare in Sudan, paese cui restava molto legato e dove trascorreva una buona metà dell'anno. Riprendemmo così le nostre lunghe chiacchierate. Ma se correggeva sempre meno i miei articoli, in compenso mi parlava sempre più spesso della sua visione del futuro e delle sue preoccupazioni, ma non solo: commentavamo insieme l'attualità, imprecavamo insieme contro l'attualità.

Erano passati cinque anni dalla prima domanda di matrimonio quando, nel settembre del 2003, Abdel-Rahman ripeté la sua proposta. Questa volta la presi sul serio. Non gli dissi né sì né no, ma gli chiesi un po' di tempo per riflettere. Aveva pazientato per cinque anni, poteva pazientare ancora qualche giorno. Pazientò.

Io riflettevo ed esitavo. Non mi consultai con nessuno, non domandai consiglio a nessuno: si trattava della mia vita e dovevo decidere da sola. La differenza d'età mi sembrava un ostacolo insormontabile. Eppure? Se Abdel-Rahman avesse avuto venti o trent'anni di meno, non avrei esitato neppure per un secondo: sarebbe stato il più bel regalo che potessi attendermi dalla vita, rappresentava tutto quello che mi aspettavo da un marito. Lo paragonavo ad alcuni dei pretendenti che avevano chiesto la mia mano a mia madre. Uno aveva già divorziato quattro volte e trattava le donne come oggetti. Un altro era un islamista: cosa gli era saltato in testa di chiedermi in moglie? Gli altri erano della stessa stoffa. Lo paragonavo agli uomini che conoscevo, che erano decisamente più giovani di lui: giornalisti e intellettuali con cui però mi sarebbe stato impossibile intrattenere una relazione spirituale altrettanto profonda. Di fatto era più giovane e più aperto di tutti coloro che frequentavo! Decisi dunque di non tener conto dell'handicap dell'età e gli dissi sì.

In Sudan, la firma del contratto del matrimonio religioso precede generalmente di qualche settimana, o di qualche mese, il matrimonio propriamente detto, ovvero il momento in cui i due sposi vanno ad abitare sotto lo stesso tetto. Pertanto, quelli che altrove sono definiti "fidanzati", da noi sono di fatto legalmente sposati. Con Abdel-Rahman decidemmo però che la firma del contratto avrebbe coinciso con il matrimonio vero e proprio e che sarebbe avvenuta quanto prima. In Sudan eravamo molto noti entrambi, pertanto preferimmo non divulgare la notizia: saremmo stati sommersi dalle domande, dalle critiche, dalle felicitazioni, dai pettegolezzi, dalle maldicenze, dai rallegramenti; sarebbero stati commentati il suo patrimonio e la mia età, il suo passato e il mio futuro. Fissammo la data per la fine del ramadan, e dunque l'attesa sarebbe stata di due mesi. Abdel-Rahman aveva deciso che la cerimonia si sarebbe tenuta di mercoledì, il suo giorno fortunato, e io non mi ero opposta: non avevo alcun motivo per farlo.

Ovviamente, in quei due mesi non andammo a cena insieme: è un'usanza che in Sudan non esiste, dal momento che, per i sudanesi, è semplicemente impensabile. In compenso ci si vedeva al giornale, ai ricevimenti o alle cene ufficiali a cui eravamo invitati entrambi. Chiacchieravamo molto al telefono, come avevamo preso l'abitudine di fare negli ultimi cinque anni. Cionondimeno, pochi giorni prima del matrimonio la notizia trapelò, e la cerimonia, che avremmo voluto fosse riservata a pochi intimi nella moschea Ali al-Marghani di Khartoum, si trasformò in un avvenimento mondano affollato di giornalisti e fotografi.

Come in un torneo, ci furono i "pro Lubna" e gli "anti Lubna"; ci furono articoli ed editoriali, ci fu persino un giornale che fece ipotesi sull'ammontare della transazione finanziaria che avrebbe preceduto le nozze, il *mahr*, che lo sposo versa alla sposa e che viene riportato sul contratto di matrimonio. Ci fu un tale cancan che un importante uomo politico, che si era dimesso proprio il giorno della cerimonia, ai giornalisti che lo tempestavano di domande rispose con una battuta: «Perché mi interrogate sulle mie dimissioni? Andate piuttosto a interrogare Lubna sul suo matrimonio, è più interessante».

Naturalmente, al centro di tutte le chiacchiere c'era la questione dell'età. L'età dello sposo, ma anche quella della sposa, dal momento che avevo compiuto trent'anni, un'età che, per una sposa sudanese, viene considerata decisamente "avanzata". Mio marito era celebre, nella vita aveva avuto molto successo, e dunque avrebbe potuto chiedere la mano di una diciottenne o di una ventenne senza che la cosa stupisse minimamente. Non per nulla un suo amico, un emiro arabo, non appena aveva saputo del matrimonio, al colmo dello stupore, si era affrettato a telefonargli: «Trent'anni? Ma perché ti sei scelto una donna così vecchia?».

Abdel-Rahman e io avevamo riso di gusto. A ogni buon conto, per un mese intero il Sudan spettegolò sul nostro matrimonio, offrendomi un'anticipazione, in scala locale, di quanto sarebbe accaduto, alcuni anni dopo, a proposito dei miei pantaloni.

Finii dunque per prendere la penna e buttare giù un articolo: «Non ho scelto il ministro della Sanità né il prefetto di Khartoum, ma mio marito. Avreste legittimamente potuto, e dovuto, commentare la mia scelta del ministro o del prefetto perché avrebbe avuto delle ripercussioni sulla vostra esistenza. Ma perché la scelta di un marito vi tocca così da vicino?».

A Khartoum ci siamo stabiliti nella casa di Abdel-Rahman, una vasta dimora con una dependance in cui alloggiava la servitù, sette persone che si occupavano della casa e dei suoi abitanti, tra cui un lavandaio e un autista. Mio marito riceveva molto, soprattutto la sera, e aveva stabilito un rapporto privilegiato con il cuoco, che lo seguiva da anni e faceva anche da maggiordomo. Il cuoco si era abituato agli usi e costumi dei paesi da cui provenivano gli ospiti. Per esempio, sapeva che i sudanesi gradivano un grande piatto di riso e di carne, posto in mezzo alla tavola, da cui si servivano con le mani; sapeva che non bisognava esitare ad abbondare con il peperoncino quando si trattava di indiani, ma che con gli europei era necessario comportarsi all'europea e mettere dei piatti piccoli sopra i piatti grandi. E in fatto di pasticcini era imbattibile. In compenso eravamo spesso soli per il pranzo, che Abdel-Rahman si faceva servire alle tre in punto. Era il nostro momento di relax e di conversazione privata, che continuava davanti a un tè aromatizzato, sorseggiato sulla veranda o in giardino. Facevamo una vita tranquilla, lontana dal chiasso e dall'agitazione tipici delle grandi famiglie sudanesi.

Condividevo il grande ufficio di mio marito, a pianterreno. Ci avevo sistemato il mio computer e ben presto ripresi a lavorare al giornale, scrivendo quotidianamente articoli di cronaca. Non ho mai sopportato l'inattività e sapevo che ad Abdel-Rahman piaceva vedermi attiva. Continuavo a recarmi nel piccolo edificio bianco che ospitava la redazione, ma con i miei colleghi i rapporti non erano più quelli di prima. Per loro ero diventata la moglie del padrone, per me erano invece rimasti dei colleghi. Dopo un po' mi rassegnai al muro che avevano eretto tra di noi: non godevo più della loro confidenza, erano diventati stupidamente cerimoniosi e la loro deferenza nei miei confronti mi metteva soltanto a disagio. Ragion per cui andavo sempre meno nell'ufficio che continuavo a dividere con altri due giornalisti e presi l'abitudine di lavorare restandomene a casa, senza tuttavia sacrificare nulla in fatto di ritmi e di puntualità.

Abdel-Rahman e io avevamo deciso di aspettare la buona stagione per andare a Londra in viaggio di nozze. L'inverno inglese è rigido, mio marito temeva che non lo sopportassi e soprattutto voleva mostrarmi il suo paese d'adozione nel suo periodo migliore, la primavera, stagione che in Sudan non avevo conosciuto. Il viaggio in Asia, cui pensavamo da tempo, era invece rimasto allo stadio di progetto, a causa dell'epidemia di aviaria che da un po' di tempo infuriava da quelle parti.

Per raggiungere Londra dovevamo necessariamente

fare scalo in un aeroporto intermedio, infatti, a partire dal 1996, un embargo aereo limita fortemente il numero di destinazioni internazionali raggiungibili da Khartoum. Scegliemmo dunque di fare tappa ad Abu Dhabi, dove mio marito aveva dei parenti. Ci eravamo sposati nel dicembre del 2003 e lasciammo Khartoum tre mesi dopo, in marzo.

Era previsto che ad Abu Dhabi ci trattenessimo tre giorni, invece la nostra permanenza si protrasse ben più a lungo. Ci fu riservata un'accoglienza incredibile: fummo ricevuti nei circoli letterari, rilasciammo due conferenze stampa sulle condizioni dell'informazione in Sudan, partecipammo a ricevimenti organizzati in nostro onore dai suoi parenti, dai suoi amici, da giornalisti e scrittori, ricevimenti nel corso dei quali Abdel-Rahman finiva spesso per prendere il microfono e mettersi a cantare. Era instancabile! Lo guardavo e sapevo di aver scelto l'uomo giusto.

Il diciottesimo giorno, quando eravamo ormai pronti a proseguire il viaggio per Londra, mio marito ebbe un malore; accorse un medico, poi toccò a un secondo dottore prestargli le prime cure. Io gli ero accanto e con me c'erano i suoi nipoti. Fu ricoverato in ospedale: aveva un blocco renale. Per i primi tre giorni Abdel-Rahman rimase cosciente, poi fu la volta del coma, mentre io imparavo a decifrare i dati e le curve che comparivano sui macchinari a cui era collegato nel reparto di terapia intensiva.

Non osavo allontanarmi da lui, angosciata da un presentimento lugubre, ossessionata dall'idea che potesse morire senza che il trapasso avvenisse secondo la tradizione musulmana. Infatti, a parte un'egiziana e una somala, non c'erano infermiere musulmane che potessero recitare per lui la *chahada*, la professione di fede islamica che deve accompagnare ciascun musulmano alle soglie dell'aldilà. Dopo alcuni giorni chiesi a mia madre di raggiungermi ad Abu Dhabi. Infine lasciai l'albergo e affittai un appartamento non lontano dall'ospedale. Da quel momento in poi mia madre e io ci alternammo al capezzale di mio marito.

In valigia avevo messo soltanto due tipi di vestiario, entrambi adatti a un viaggio di nozze: alcuni *thob* eleganti per le serate, pantaloni e jeans per le occasioni informali. Quando mio marito si sentì male, stavamo per uscire e io indossavo uno dei miei *thob* più belli. Fu dunque in abito da gran sera che lo accompagnai all'ospedale e che rimasi accanto a lui. Non lo avessi mai fatto! La notizia arrivò fino a Khartoum: «Suo marito è ricoverato in ospedale e Lubna si pavoneggia in abiti sfarzosi».

Abdel-Rahman stava scivolando dolcemente nel coma quando mi decisi a rientrare in albergo, fare una doccia e cambiarmi. Tornai in ospedale con addosso un paio di jeans, per comodità. Un diluvio di critiche si rovesciò nuovamente sul mio capo: «Suo marito è ricoverato in ospedale e Lubna va in giro in jeans».

Se la comunità sudanese sembrava non pensare ad altro che al mio abbigliamento, io non staccavo gli occhi dalle apparecchiature a cui era collegato mio marito.

Per mettere fine a quei pettegolezzi che mi stremavano, non appena arrivò mia madre andai in un centro commerciale per comprarmi delle *abbaya*, quelle camiciole lunghe e larghe che nascondono le forme e permettono di muoversi liberamente. Cosa non fu scritto!

«Suo marito è tra la vita e la morte, e Lubna si diverte a fare shopping ad Abu Dhabi.»

Questa avventura mi ricordava irresistibilmente la storia di Geha, suo figlio e l'asino. Geha, personaggio molto popolare nel mondo arabo e protagonista di innumerevoli aneddoti, era in groppa all'asino insieme al figlio. «Povero asino, costretto a portare un simile peso! Geha, possibile che non te ne vergogni?» gli dicevano i passanti. Geha lasciò allora il figlio in groppa all'asino e proseguì camminando a piedi al loro fianco. «Povero Geha! Figlio, non ti vergogni a stare in groppa all'asino mentre tuo padre va a piedi?» dicevano i passanti. Allora il figlio cedette il posto al padre. «Geha, perché stai in groppa all'asino mentre tuo figlio va a piedi?» dicevano ancora i passanti. A quel punto Geha e il figlio decisero di prendersi in spalla l'asino e di proseguire così. «Che asini!» dicevano i passanti.

Compresi che non era possibile accontentare tutti, e che per di più non mi si richiedeva affatto di accontentare tutti. La lezione mi fu utile: da quel momento in poi decisi di comportarmi come mi sembra opportuno, senza urtare le nostre tradizioni, ma senza lasciare che queste tradizioni mi imprigionino, e cercando di barcamenarmi tra usanze, leggi e religione. Non è sempre facile!

Nonostante le cure, nonostante le dialisi, le condizioni di salute di Abdel-Rahman non miglioravano. Non usciva dallo stato di incoscienza, il suo corpo era attraversato da sonde e tubicini, alcuni elettrodi erano collegati al suo torace e dal torace a dei monitor. Quell'uomo, che era stato una roccia, giaceva ormai inerte su un anonimo letto d'ospedale. Io però non perdevo le speranze: un paziente sudanese era appena uscito da tre mesi di coma, speravo che guarisse anche mio marito. Gli parlavo, gli ricordavo i tre mesi di felicità che avevamo vissuto insieme, mi scendevano le lacrime, mi si spezzava la voce, ma continuavo a parlare.

Non avevo mai visto qualcuno morire, per cui quasi svenni quando un paziente giordano rese l'anima davanti ai miei occhi; fui leggermente più forte nel momento in cui assistetti alla morte di un altro paziente, un asiatico. Ciononostante bussai alla porta della moschea delle donne e chiesi alla palestinese, che si occupava della moschea, di insegnarmi il comportamento da tenere accanto a un moribondo. Mi spiegò come recitare la *chahada*, stringendo l'indice di chi sta per morire, mi spiegò come e quando chiudergli gli occhi e poi lavargli il viso prima di coprirlo con un lenzuolo bianco. Ho imparato i gesti, ma ho pregato di non doverli eseguire. Mi aggrappavo all'idea di proseguire il nostro viaggio di nozze, salivo nella sua camera, prendevo la mano di Abdel-Rahman, gli promettevo che saremmo andati a Londra insieme, lo supplicavo di svegliarsi e pregavo Allah di svegliarlo. Poi gli facevo scivolare sotto il cuscino il magnetofono perché potesse ascoltare le cassette in cui uno dei suoi predicatori preferiti leggeva il Corano, cassette da cui non si separava mai e che avevamo portato con noi in viaggio di nozze. Vedevo i suoi tratti distendersi.

Di ritorno dalla Mecca, la figlia di una paziente yemenita mi offrì una boccetta di acqua di Zamzam, la sorgente miracolosa le cui acque sgorgano vicino alla Kaaba, il santuario, in cui è incastonata la pietra nera, attorno alla quale girano i pellegrini. Abdel-Rahman era ricoverato in ospedale ormai da qualche settimana, ma non avrei saputo dire esattamente da quanti giorni. Bagnai il viso di mio marito con quell'acqua benedetta, continuai a farlo fino a quando un'infermiera indiana me lo vietò: nel reparto di terapia intensiva in cui ci trovavamo era consentito solo l'uso di acqua sterilizzata. Mi piegai ai suoi ordini, misi la boccetta sul davanzale della finestra e me ne dimenticai.

Il cinquantaduesimo giorno Abdel-Rahman aprì gli occhi. Non disse nulla, ma mosse leggermente la testa quando gli parlai. Gli sorrisi e i suoi occhi ricambiarono il sorriso. Era un mercoledì, il giorno della settimana che gli era più gradito, quello che aveva scelto per il nostro matrimonio. Quel mercoledì le apparecchiature a cui era collegato andarono in tilt; i suoi occhi erano aperti, ma io capii che la fine si avvicinava. Sudava in modo anomalo. Stranamente, la bottiglia di acqua sterile, che si trovava sempre accanto al letto, era sparita. Mi ricordai della bottiglietta di acqua di Zamzam: era ancora sul davanzale della finestra, dove l'avevo lasciata. L'usai per bagnargli la fronte, benedicendo l'infermiera indiana che, con il suo divieto, mi aveva impedito di consumare quell'acqua benedetta. Strinsi mio marito tra le braccia, ricordandomi delle strane parole che aveva pronunciato un giorno in cui eravamo seduti sotto le stelle nel giardino della nostra casa di Khartoum: «Il mio desiderio più grande è morire tra le braccia di una persona amata, che reciti per me la *chahada*».

Gli strinsi l'indice e gli recitai la *chahada*. Abdel-Rahman è morto tra le mie braccia. Ho compiuto gli ultimi gesti come un automa, crollando solo dopo che il medico ebbe constatato il decesso.

Abdel-Rahman è stato sepolto in Sudan. Mi adeguai

all'usanza della "prigionia della vedova" e non partecipai ai suoi funerali. Per quattro mesi e dieci giorni, interamente vestita di bianco, il colore del lutto, non uscii dalla nostra casa di Khartoum. Tuttavia commisi alcune trasgressioni venendo meno, sia pure in parte, a quanto impone l'usanza. Secondo la tradizione sistemai un letto bianco nella stanza principale. In teoria non avrei dovuto muovermi di lì, se non per andare in bagno: una vedova dovrebbe restare tutto il tempo seduta sul letto con il viso rivolto verso il muro; non deve cucinare perché si cucina per lei; non apre nemmeno un cassetto, perché lo si apre per lei; non si unge i capelli, non si profuma il corpo. Pensa al marito defunto e prega per lui, senza che nulla la distragga dal suo dolore. Invece io mi mossi. Il mio ufficio e il mio computer erano a pianterreno, io ero a pianterreno, per cui accesi il computer e navigai sui siti dedicati all'informazione; e non solo: dopo quaranta giorni tornai persino a scrivere articoli di cronaca che quotidianamente inviavo al giornale per e-mail. Tornavo a sedermi sul letto solo quando una vicina, un'amica o una conoscente venivano a porgermi le loro condoglianze: erano sempre spiacevolmente stupite di vedermi scendere le scale. Le scandalizzavo anche perché guardavo la televisione e ascoltavo la radio. Poco importava che seguissi solo i notiziari, poco importava che il dolore mi impedisse di guardare un film o di ascoltare musica: le mie stravaganze scandalizzavano. Volli anche farmi una doccia e insaponarmi, ma a quel punto mi trovai di fronte a un vero e proprio fuoco di sbarramento. I miei famigliari avevano fatto sparire dalla casa tutte le saponette profumate, ovvero tutte le saponette; li pregai allora di procurarmi un sapone medicale che mi venne infine concesso. In seguito portai uno di questi saponi a un'amica che aveva appena perso il marito: lo rifiutò accampando motivazioni religiose, ovvero sostenendo che l'islam non permette alle vedove l'uso del sapone, così come quello degli oli per i capelli. A furia di insistere, ottenni che consultasse un ulema. Costui fu tassativo: certamente l'islam vieta i profumi alle donne, ma in nessun caso l'uso del sapone e degli oli.

Quanto a me, mi sono volontariamente piegata all'usanza, ma ho voluto dimostrare che, sotto tutti i punti di vista, si trattava semplicemente di un'usanza, che nulla aveva a che fare con la religione. Le dedicai anche una delle mie cronache, descrivendo ai lettori "la prigionia della vedova". Mi soffermai in particolar modo sul divieto circa i contatti con gli uomini, sottolineando come fossero esclusi il padre, il fratello e i figli, mentre erano compresi i contatti telefonici o tramite e-mail: le nostre usanze si erano adeguate alle nuove tecnologie!

Infine posi una semplice domanda: «La prigionia della vedova risponde effettivamente a un'ingiunzione dell'islam? Il divieto per una vedova di incontrare in pubblico un uomo è effettivamente posto dall'islam? E in virtù di quale principio questo divieto permane anche quando si trova in compagnia della sua famiglia, delle sue amiche e dei suoi parenti?».

Chiesi a chi fosse in grado di darmi la risposta di spiegarmi quale fosse il sostrato religioso di tali divieti. D'altra parte, perché, nella *sharia*, le innovazioni, che dimostrano uno sforzo di riflessione teologica, si fanno sempre in modo da limitare i diritti della donna?

Le reazioni furono una valanga e furono di tutti i tipi. Ci furono coloro che mi rimproverarono le libertà che mi prendevo durante il periodo di prigionia, a cominciare da quella di scrivere; altri mi assicuravano che le e-mail non sono vietate, a differenza dei colloqui telefonici. Ricevetti anche attestati di solidarietà, il più importante dei quali fu per me quello di Sadek el-Mahdi, capofila della corrente islamica conservatrice Al-Ansar, che tuttavia nulla ha a che fare con gli islamisti. Sadek el-Mahdi era un discendente di Mohamed el-Mahdi, il leader storico che, nel 1881, aveva dichiarato di essere il messia di Allah, si era ribellato alla dominazione turca sul Sudan e infine aveva fondato uno stato con capitale Omdurman. Morì nel 1885, e quattordici anni dopo le autorità britanniche ebbero ragione del suo stato. La moglie di un altro dei suoi discendenti, Ahmed el-Mahdi, anche lei giornalista, mi telefonò poco dopo la preghiera del pomeriggio, annunciandomi che sarebbe venuta insieme al marito a porgermi le sue condoglianze, infrangendo così quel tabù che nulla aveva a che vedere con la religione.

Mia madre gemette: «Non pensi che sarebbe meglio fare a meno di tutto questo cancan mediatico? Quello che si è detto e scritto sul tuo matrimonio non ti è bastato?».

Il mio obiettivo non era certamente quello di accendere i riflettori sulla mia persona, ma di far luce sul perché di una tradizione. Ciascuno è libero di adeguarsi a una tradizione o di respingerla, ma chiamiamola con il suo nome, che è "tradizione" e non "religione". Mi si parla anche dei benefici che la vedova e il defunto marito trarrebbero dalla "prigionia"; personalmente ritengo che solo la preghiera faccia bene al defunto, e in questo spero di aver fatto il mio dovere, durante la mia "prigionia" e durante i cinquantadue giorni in cui Abdel-Rahman rimase in ospedale.

Venne Ahmed el-Mahdi e mi confermò che il divieto non ha nulla a che vedere con l'islam e non costituisce affatto un dovere religioso. Anche il ministro della religione venne a farmi visita; lo ricevetti in presenza del fratello di mio marito e di suo figlio, infrangendo così un altro tabù. Pur essendo affiliato al movimento dei Fratelli Musulmani, il ministro aveva confermato le mie opinioni. Una vedova, aveva aggiunto, può persino infrangere l'isolamento per riprendere il lavoro se non ha altra scelta. Nei miei articoli parlai dunque delle due visite e riferii quanto mi era stato detto, il che mi valse altre critiche, provenienti, come le precedenti, non necessariamente da uomini di fede, ma da persone qualsiasi che fanno delle tradizione il pilastro della loro esistenza. A ogni buon conto, per non dare un dispiacere ai miei famigliari e soprattutto a mia madre, abbandonai l'idea di uscire dalla mia "prigionia" per recarmi alla Mecca e compiere la *omra*, il piccolo pellegrinaggio.

E contai i giorni. In considerazione del fatto che la società sudanese attribuisce la "prigionia" della vedova all'islam, per calcolarne la durata mi basai sul calendario islamico, un calendario lunare in cui i mesi hanno uno o due giorni in meno dei corrispondenti mesi del calendario cristiano, che è invece solare. Ma non ero la sola a contare i giorni: avevo appena messo il naso fuori casa che alcune vicine, con il cuore traboccante di zelo, si affrettarono a venirmi premurosamente incontro: «Torna in casa, mancano ancora tre giorni».

Spiegai loro che, per i miei calcoli, mi ero basata sul calendario islamico. Non penso però di essere riuscita a convincerle tutte dal momento che alcune, non sapendo più che cosa dire, mi misero in guardia con queste parole: «La vedova che esce di casa prima del tempo inciamperà in un albero, detto "albero della prigionia", e dal quel momento in poi non riuscirà più a smettere di camminare...».

Corsi il "rischio dell'albero" e uscii di casa. Ma non indossai il vestito bianco della vedova né il *thob* nero che avevo preparato, al contrario seguii il consiglio di una parente di mio marito, una donna emancipata, e mi vestii con abiti dai colori poco sgargianti, colori che riflettevano la mia tristezza, come il beige, il marrone o il grigio. Ovviamente in Sudan non mancano le anime pie, sempre pronte a dare i loro buoni consigli, anime zelanti che nella fattispecie si affrettarono a suggerirmi che cosa dovevo o non dovevo mettere, quali colori fossero concessi e quali vietati, le fogge consentite e quelle proibite. Le lasciavo dire... e facevo di testa mia, come sempre. Infine le anime belle si stancarono di darmi consigli, o forse trovarono un'altra vedova da consigliare.

Ero triste, ma la vita doveva continuare. Ripresi il mio lavoro, mi recai a conferenze stampa e poi a ricevimenti organizzati dalla stampa, rividi alcuni amici e finsi di non sentire quando bisbigliavano: «Lubna è uscita dalla "prigionia" per andare a una festa».

In realtà Lubna era uscita dalla "prigionia" sperando che, un giorno, in Sudan questa "prigionia" possa diventare soltanto un brutto ricordo, o un'antica tradizione. In effetti, ho avuto la fortuna di avere il sostegno dei miei famigliari e dei miei parenti, che mi sono stati vicini a tutte le ore del giorno e della notte. Ho avuto la fortuna di poter continuare a lavorare anche durante la "prigionia" e per farlo ho avuto il coraggio di violare un tabù. Conosco donne che, in città, sono "imprigionate" senza avere nessuno che le assista e che cucini per loro. Conosco donne che, per restare a casa propria, finiscono sulla strada. Conosco dipendenti di aziende private a cui viene negato questo lungo periodo di congedo e che dunque sono costrette a licenziarsi, perdendo così contemporaneamente il marito e il lavoro. Nel settore pubblico le dipendenti sono invece pagate per tutti i quattro mesi e dieci giorni di "prigionia". Conosco povere madri di famiglia, lavoratrici autonome che, per non venir meno alla tradizione, preferiscono sacrificare uno dei loro figli, un ragazzino di dieci o dodici anni, che dà loro il cambio vendendo tè o caramelle per strada, in modo da mantenere la famiglia durante il periodo di lutto. Quando ero bambina, una delle nostre vicine era stata costretta dalle pressioni del suo principale a riprendere il lavoro dopo un mese e mezzo: che cosa non fu detto per stigmatizzare uno scandalo così grande! Poi con il passare del tempo i pettegolezzi cessarono e la vita riprese il corso normale. Recentemente una donna ha perso il padre durante il periodo di lutto: non era potuta andare a dirgli addio in ospedale, ma ha infranto il lutto per andare a piangerlo, nonostante le critiche. Che io abbia fatto scuola?

Spero che un giorno la vedova smetterà di essere punita come una criminale. Ma che crimine ha dunque commesso? Un giorno, la prigionia della vedova non sarà più che un ricordo o una scelta, come accade oggi per la "prigionia" della sposa. Anche questa usanza finirà per cadere in disuso. Infatti, anche la futura sposa era "imprigionata": quaranta giorni quando io ero bambina, meno di due settimane dieci anni fa, e via via sempre meno, perché oggi le donne che lavorano preferiscono riservare il periodo di ferie alla luna di miele. Ieri la vergogna si sarebbe abbattuta sulla madre che non avesse rinchiuso la figlia prima delle nozze, oggi la vita moderna ha trionfato su una tradizione. Le condizioni economiche trionferanno anche su un'altra: in Sudan la vita è dura, sono poche le famiglie cui basta un solo stipendio e il lavoro femminile è diventato la norma. E sono certa che, prima o poi, anche questa usanza sparirà, se non per convinzione quantomeno per necessità.

Nel 1961, Abdel-Rahman, che aveva appena fondato «Al-Sahafa», si recò negli Stati Uniti per un reportage giornalistico sull'assemblea generale dell'ONU. Prima della partenza, era stato salutato da Ali al-Marghani, capo spirituale della confraternita sufi dei Marghania, cui era vicino. Quest'ultimo gli consegnò una lettera destinata a Martin Luther King, con cui Abdel-Rahman aveva ottenuto un incontro. Ovviamente la lettera giunse al destinatario. All'epoca, negli Stati Uniti, la segregazione razziale non era ancora stata abolita (lo sarebbe stata nel 1964), sugli autobus i negri non potevano sedere dove volevano, e tantomeno potevano frequentare le scuole e i ristoranti destinati ai bianchi.

La lettera, il cui contenuto al-Marghani aveva rivelato a mio marito, era quanto di più surreale si potesse immaginare: annunciava che, prima della fine del ventesimo secolo, i neri avrebbero avuto ruoli importanti nell'amministrazione statunitense e che verso il 2010 un nero si sarebbe insediato alla Casa Bianca. Abdel-Rahman ha evocato questo episodio e citato la lettera in *L'automne du bonheur*[1] un libro che scrisse alla fine degli anni Settanta e che fu pubblicato nel 1986. Quando il libro uscì, la profezia di al-Marghani appariva ancora un'utopia, Ronald Reagan era presidente degli Stati Uniti e la "tradizione bianca" sembrava inamovibile...

Con Abdel-Rahman ho vissuto tre mesi di perfetta felicità. Io ero sua pari, e lui non era soltanto mio marito, ma il mio miglior amico. Con lui ho trovato la mia umanità e la mia libertà.

[1] Edition des Imprimeries Al-Bayan, 1987, p. 34.

Capitolo Sette

STORIE DI DONNE E DI VESTITI

Nel 2007, feci domanda per un diploma superiore in giornalismo e mi presentai per sostenere un esame all'università di Khartoum. Al mio abbigliamento avevo riservato la stessa cura che avevo appena dedicato agli ultimi ripassi, ben sapendo che, a una candidata, il minimo errore in fatto di vestiario può costare il diploma.

Avevo dunque optato per il *salwar kameez* pachistano, ovvero pantaloni ampi indossati sotto una tunica che scende fino al ginocchio. Nonostante ciò, la polizia universitaria mi proibì di entrare nell'edificio: i miei pantaloni avevano un bel essere sbuffanti, ma restavano pur sempre dei pantaloni! Poiché non avevo alcuna intenzione di rimandare l'esame, mi lanciai in un'animata discussione con le addette (poiché si trattava di donne) alla sorveglianza della nostra moralità.

«Vestita così posso pregare?» chiesi.

Si consultarono e non tardarono a farmi conoscere il verdetto: «Certamente».

«Dal momento che posso pregare vestita così, vestita così sosterrò pure l'esame.»

La discussione fu aspra, ma alla fine ebbi partita vinta, in parte grazie alla mia notorietà e alla mia fama di giornalista dalla lingua affilata. Penso comunque che quelle addette si dimostrarono più intelligenti del poliziotto che, due anni dopo, mi arrestò al ristorante Oum Kalthoum perché indossavo i pantaloni! Altre candidate non sono altrettanto fortunate: per una minima trasparenza del velo o per una manica, che non arriva esattamente fino al polso, perdono un anno di studi, un anno della loro vita. I pantaloni sono loro vietati anche qualora abbiano gambe artificiali: in questo caso devono munirsi di un certificato rilasciato da una commissione medica autorizzata.

In compenso, gli studenti maschi non hanno alcun bisogno di preoccuparsi di simili dettagli: possono tranquillamente presentarsi con una maglietta corta e attillata, o con il gel sui capelli, senza che nessuno vieti loro di entrare all'università. Nei loro confronti non ci sono regole e la polizia universitaria non è tenuta a controllare il modo in cui si vestono.

A ogni buon conto, per i sudanesi l'abbigliamento è diventato un'ossessione. Con il suo arcobaleno di trecentocinque tribù con usanze e credenze tanto diverse, il Sudan è un paese visceralmente multiculturale e questa diversità, che gli è propria, si è sempre riflessa nel modo di vestire dei suoi abitanti, soprattutto delle donne. Fino agli inizi del Ventesimo secolo, nel Nord del paese, le ragazze giovani indossavano semplicemente un *rahab*, una cintura da cui pendevano strisce di cuoio e, quando io ero piccola, il giorno delle nozze la sposa danzava con indosso il *rahab*. Successivamente, in seguito all'introduzione della coltivazione del cotone e della tessitura, si è diffuso il *thob* tradizionale, un tessuto colorato e leggero, talvolta trasparente, di una lunghezza di quattro o cinque metri, che la donna si drappeggia attorno al corpo e alla testa. Nei primi anni Sessanta, con l'arrivo della televisione e del cinema e il dilagare dei film egiziani, molte sudanesi hanno voluto copiare le attrici e si sono appassionate alla moda occidentale. Infine quando, all'inizio di quegli anni, la stilista britannica Mary Quant ha lanciato la minigonna, si sono accorciate anche le gonne delle sudanesi. Alcune mie connazionali presero a drappeggiarsi un *thob* sulle minigonne, mentre altre preferirono abbandonarlo.

Oggi, in parecchie tribù del Sud, uomini e donne continuano a circolare nudi come mamma li ha fatti, senza alcun perizoma e, a maggior ragione, senza alcun capo di abbigliamento.

In una delle tribù dell'Est, le donne si coprono completamente la testa, stile *niqab*, ma lasciano il seno nudo. In un'altra tribù della stessa regione, la metà inferiore della testa è nascosta, mentre quella superiore, capelli compresi, viene lasciata scoperta. E potrei citare molti altri casi di tribù del Nord che, in fatto di vestiario, si aggrappano alle loro tradizioni ancestrali, per semplice spirito di resistenza.

Peraltro, come si può decidere di imporre, di punto in bianco, il cosiddetto velo islamico a individui che, da secoli, sono abituati alla varietà, alla diversità e alla molteplicità? Certo, l'accordo di pace, firmato nel 2005 tra il Nord e il Sud del Sudan, autorizza gli abitanti del Sud a mantenere i propri costumi all'interno delle frontiere amministrative del loro territorio. Ma al di là di esse la *sharia* di Omar al-Bashir non fa sconti, senza minimamente tener conto della religione degli interessati, qualunque essa sia.

Sono molte le sudanesi che cercano di manifestare il proprio dissenso e la propria volontà di resistenza... portando i pantaloni. Resistenza ridicola, quando si sa che questi pantaloni sono sempre ampi e sempre indossati sotto una tunica che copre ampiamente le natiche e la parte superiore delle cosce! Certo, così abbigliate viene loro vietato di entrare nelle amministrazioni pubbliche, alle cui porte vegliano i custodi della moralità, e nelle università, dove questi guardiani ricevono disgraziatamente l'aiuto e il sostegno di studenti indottrinati, sempre pronti a controllare che la legge sia rispettata e ancor più a denunciare i propri compagni. Ma per le strade, nei luoghi pubblici e persino privati è ancor peggio, dal momento che corrono il rischio di essere fermate, portate in commissariato e frustate.

Non per nulla, una parte significativa delle 43.000 persone, arrestate nel solo 2008 e nella sola prefettura di Khartoum per aver violato l'articolo 152 del nostro codice penale, sono donne che indossavano abiti «che urtavano la sensibilità pubblica», secondo la dicitura comunemente usata. Ovvero, portavano i pantaloni. Quegli stessi pantaloni che devono essere obbligatoriamente indossati in un'altra repubblica islamica in cui vige la *sharia*: l'Iran.

Vuol forse dire che Allah ha esigenze diverse, variabili a seconda della nazionalità dei suoi fedeli? Vale forse la pena di ricordare che, in quello stesso 2008, mentre le forze dell'ordine erano impegnate a dare la caccia alle donne in pantaloni, le forze di opposizione del Darfur riuscivano a penetrare in Khartoum in poche ore e in pieno giorno?

Il mio arresto è ben lungi dall'essere il più grave o il

più drammatico. Innanzitutto io non ho dovuto subire le ire della mia famiglia, non ho dovuto chinare la testa per la vergogna di aver «minacciato la moralità pubblica», non ho dovuto nascondermi per il timore di essere punita due volte, una prima volta dal carnefice armato di frusta e una seconda dai famigliari, come capita ad alcune infelici che il marito ripudia dopo una simile disavventura o a cui il padre o il fratello vietano il rientro in famiglia o impongono gli arresti domiciliari. Mia madre, mia sorella, mio fratello, i miei parenti mi hanno non solo compresa, ma difesa a spada tratta. D'altra parte ho avuto la "fortuna" di essere arrestata in un ristorante, un luogo pubblico aperto a tutti, e non in un luogo privato, come accade talvolta. In effetti, in virtù della legge, gli agenti incaricati di vegliare sull'ordine pubblico hanno il diritto, e persino il dovere, di fare irruzione nei luoghi privati, per esempio in quelle masserie che gli abitanti di Khartoum o di Omdurman possiedono alla periferia della città, dove organizzano volentieri interminabili pranzi di famiglia a cui sono invitati, va da sé, amici e conoscenti. Vi si arriva in meno di un'ora, in macchina o nel pulmino affittato per trasportare l'allegra comitiva in cui si confondono le generazioni. In meno di un'ora ci si lascia alle spalle la sabbia che invade la città per immergersi nel verde, tra gli animali. Ci si va per dimenticare, almeno per un giorno, le preoccupazioni quotidiane… finché non arrivano le camionette della polizia! E guai a quelle donne che, per questa giornata campestre, hanno scelto i pantaloni o hanno leggermente scostato il foulard! Non voglio nemmeno parlare di quelle che hanno la tracotanza di accendersi una sigaretta o di tirare una boccata con il narghilè: la legge vieta alle donne di fumare (il divieto non vale per gli uomini) e le malcapitate colte in flagrante sono guarite dal loro vizio con una buona dose di frustate.

La polizia controlla non soltanto il vestiario delle donne, ma anche il loro comportamento. La sistemazione degli spazi pubblici è concepita in modo da favorire questo compito: nei giardini pubblici gli angolini fuorimano sono rari... o sufficientemente ampi perché una coppietta non vi si possa appartare. A Khartoum, sulla strada che costeggia il Nilo, questo fiume fonte di vita, questo fiume che ha fatto sorgere la nostra civiltà, sono state tolte le panchine di pietra: lo schienale era rivolto verso la strada, guardavano verso il Nilo, per cui gli innamorati avrebbero potuto sedervisi tenendosi per mano, senza essere visti. Le nuove panchine sono state sistemate in modo da dare le spalle al fiume e guardare la strada, permettendo così alle pattuglie motorizzate di sorvegliare i comportamenti degli occupanti senza neppure fermarsi.

Una donna seria, afferma la loro legge, non si permetterà mai di restare in *tête à tête* con un uomo che non sia legato a lei dal matrimonio o da vincoli si sangue tali da impedire il matrimonio. Quando un uomo e una donna sono soli, il diavolo è con loro – sostengono. Se ne deduce che soltanto le scostumate parlano con un estraneo in assenza di chaperon e dunque, essendo scostumate, è normale che la polizia le arresti e le faccia condannare. Peraltro, per giustificare l'intervento della polizia della morale pubblica non è neppure necessario il flagrante delitto di *tête à tête*: una donna che esca da un edificio sede di uffici dopo il normale orario di chiusura, può essere arrestata del tutto legalmente e portata all'ospedale. Gli ospedali sono infatti abituati a ricevere "pazienti" di questo tipo: donne che avevano messo male il velo, o indossato i pantaloni, o che erano state arrestate per qualsiasi altro motivo che la polizia non è tenuta a specificare. Le malcapitate sono immediatamente fatte visitare da un medico che procede a un "controllo" di verginità. Se sono vergini, vengono liberate purché non siano state colte in flagrante delitto, o non siano accusate di altri reati, per esempio di indossare i pantaloni.

La donna che, invece, alla visita medica sia ritenuta "non vergine", per essere rimessa in libertà è tenuta a esibire il proprio certificato di matrimonio. In attesa che i famigliari glielo facciano avere (conosco ben poche persone che siano solite andare a spasso con in tasca il certificato di matrimonio) la malcapitata viene portata al commissariato. E guai a colei che, pur non essendo sposata, non è più vergine! Sarà considerata una prostituta a tutti gli effetti e trattata come tale, ovvero condannata a cento colpi di frusta di cuoio di ippopotamo, multata e persino sbattuta in prigione per qualche mese.

Il che non vuole affatto dire che tutte le ragazze sudanesi siano delle caste vergini: un medico di Khartoum, processato nell'estate del 2008, ha confessato di aver praticato centinaia di ricostruzioni dell'imene, vale a dire di interventi chirurgici comunemente definiti "riparazione della verginità". Si dà il caso però, che non sia stato processato per questi interventi, ma per aver praticato aborti, proibiti dalla legge. Al contrario, la ricostruzione dell'imene è stata legalizzata da una *fatwa*, un verdetto religioso che ha sbalordito non poche persone. Da parte mia, ammetto di non essere un'esperta in fatto di questioni religiose e dunque non mi permetterei mai di commentare questa *fatwa*, tuttavia mi pongo un interrogativo molto semplice: non si sarà trattato di una garanzia di ipocrisia?

Tremilacinquecento anni fa, in Sudan sedevano sul trono delle regine, regine che facevano le leggi, amministravano la giustizia ed erano a capo dell'esercito, regine che hanno lasciato la loro impronta sulle nostre piramidi, la più celebre delle quali è Amani el-Cheikho. Attualmente sono molto poche le sudanesi che, un giorno o l'altro, non siano state vittime della polizia che vigila sulla moralità. Le loro storie sono migliaia e nella loro assurdità si assomigliano tutte, per cui mi limiterò a raccontarvene soltanto alcune. Vi racconterò quella del mio collega che era in macchina con la moglie e il loro figlioletto. La famigliola fu fermata per un motivo che io ignoro – e che ignorava anche il mio collega, tanto che si spazientì. A quel punto la moglie lo invitò a calmarsi, ma lo fece in una lingua straniera. Fu il fatto che si trattasse di una lingua straniera a offendere il poliziotto? Mistero. A ogni buon conto, tutti e tre furono portati al commissariato e fu intimato loro di spiegare per qual motivo fossero insieme. La coppia era legalmente sposata? Se così, era tenuta a dimostrarlo! Poiché era tardi, il mio collega, sua moglie e il bambino dovettero passare la notte nel commissariato in attesa che, l'indomani, un parente portasse loro il certificato di matrimonio. Furono rilasciati senza una parola di scuse, né per loro né per il figlioletto che, già in tenera età, sperimentò che cosa significhi trascorrere un'intera notte dietro le sbarre.

Recentemente una ragazza giovane mi ha raccontato la sua storia, una storia triste. Studiava a Khartoum e si era sposata con un giovane che viveva in provincia. Non abitavano ancora sotto lo stesso tetto, dal momento che possono passare settimane, o anche mesi, tra la firma del contratto matrimoniale e il matrimonio vero e proprio. Come vuole la tradizione, il giovane si era assunto l'onere di provvedere al corredo della sposa, per cui ogni mese le inviava il denaro necessario agli acquisti. Le sudanesi sono vanitose e quelle che hanno abbandonato il vestiario tradizionale per una mise più moderna preferiscono acquistare abiti importati. Non per nulla sono molte le donne che si sono lanciate in questo genere di commercio: si recano in Siria o in Turchia, tornano con le valigie piene di vestiti e contattano le loro clienti, dei cui gusti e delle cui esigenze si sono informate prima di partire.

La ragazza in questione aveva ordinato alcuni capi a una commerciante che, per la consegna, le aveva fissato un appuntamento nella propria casa. Era di pomeriggio ed erano state invitate anche altre clienti. In casa della commerciante c'erano bauli aperti in tutte le stanze, bauli pieni di vestiti, di camicette, di gonne e di sciarpe. Tutti capi molto belli, mi ha detto. All'appuntamento si erano presentate sei o sette donne e due uomini, venuti probabilmente per scegliere un regalo per la moglie, la sorella o la madre. La ragazza era accompagnata da due amiche.

Erano tutti intenti a rovistare nei bauli quando fece irruzione la polizia che, senza badare all'attività della donna, l'arrestò insieme ai clienti, uomini e donne. Furono portati tutti al commissariato. Il processo fu rapidissimo e, come sempre, senza che la difesa potesse aprire bocca. La commerciante fu condannata per prossenetismo e le clienti «per essere state tentate dalla prostituzione», crimine ignorato persino dai salafiti! Anche i clienti maschi furono condannati. Purtroppo però la giovane proveniva da un ambiente tradizionalista e per lei non ci fu scampo: dopo la condanna la famiglia le proibì di continuare gli studi, il marito la ripudiò, e il padre, non riuscendo ad affrontare il disonore e la vergogna di tante catastrofi, ebbe un infarto e morì. La sua vita fu rovinata per sempre.

Non posso fare a meno di raccontare ancora una storia, quella di una donna che, mentre il marito era in viaggio per affari, organizzò una festicciola di compleanno per uno dei suoi figli, un adolescente di una quindicina d'anni. La donna soffiò sulle candeline insieme agli invitati, ragazzini e ragazzine, poi si ritirò nella propria stanza. Dopodiché si mise in pigiama e si infilò nel letto, probabilmente per leggere o magari per dormire. Sentendo il rumore della festa, la polizia incaricata di vegliare sulla moralità pubblica fece irruzione nell'appartamento, entrò nella stanza della donna e alla malcapitata fu imposto di seguire i poliziotti senza avere la possibilità di vestirsi. Per pudore prese dunque un lenzuolo e se lo avvolse attorno al corpo come un *thob*. Processata sui due piedi, fu condannata e arrestata per prossenetismo perché nella sua casa erano presenti adolescenti di entrambi i sessi, non legati da alcun vincolo tranne l'amicizia. Quando i parenti del marito vennero a recuperarla, la poveretta era ancora in camicia da notte. La prima domanda che venne loro alle labbra fu: «Dov'è l'uomo che era con lei?». Ovviamente non c'era alcun uomo, ma soltanto un libro. Non so come sia andata a finire, spero soltanto che la sua vita non sia stata rovinata per sempre soltanto per aver offerto una festa di compleanno al figlio adolescente, una festicciola con i compagni di scuola...

In fatto di moralità pubblica la legge sudanese può sembrare molto severa. In realtà è terribilmente ingiusta nei confronti delle donne; al contrario, con gli uomini ha la mano assai meno pesante quando non si mostra addirittura conciliante. Un religioso che, oltre a insegnare il Corano nelle madrasse, faceva l'istruttore di nuoto, fu colto in flagrante mentre violentava un ragazzino di una decina d'anni, uno dei suoi allievi. Il "sant'uomo" fu condannato a un mese di prigione, la pena inflitta alle donne che portano i pantaloni quando riescono a evitare la fustigazione. Una giovane che si trovava in macchina con un amico fu arrestata e portata in commissariato insieme al giovanotto. Il ragazzo fu interrogato e picchiato, mentre lei fu violentata da tutta la brigata, vale a dire da sette o otto poliziotti. La ragazza sporse denuncia e i violentatori furono condannati a cento colpi di frusta ciascuno. Ma furono davvero fustigati dal colleghi? Ho i miei dubbi! In ogni caso la pena era un po' più del doppio di quella inflitta a una donna che porta i pantaloni. Quanto alla ragazza, fu frustata per essere stata colta in macchina insieme a un amico.

In Sudan, la donna è ben lungi dall'essere considerata pari all'uomo, anzi, ogni giorno leggi e *fatwe* non fanno che accrescere la sua inferiorità. Penso per esempio a un nuovo contratto di matrimonio, detto "matrimonio con cessazione di diritti", in base al quale un uomo non ha alcun dovere materiale nei confronti della moglie, che continua a vivere con i genitori, cui spetta di provvedere alle sue necessità, mentre il marito, spesso poligamo, la incontra quando ne ha voglia.

La *fatwa*, in virtù della quale è stato legalizzato questo matrimonio, si basa, dicono, su un *hadith*, un'affermazione del profeta riferita da uno dei suoi compagni, Abu Huraira. Stando così le cose, perché non far valere anche altri *hadith* riportati dallo stesso Abu Huraira? Quelli secondo cui un bacio o una carezza non sono puniti con la fustigazione, anzi, non sono puniti affatto? Secondo la legge, un sms, un messaggino inviato con il telefonino, è un atto osceno. Il "matrimonio con cessazione di diritti" non è forse un atto osceno in considerazione della dura realtà della vita e della società sudanese?

Ma il Sudan non è l'Occidente. La donna è oppressa dalla legge e non è ancora stata liberata dalla società. Il matrimonio è vietato prima dei sedici anni, «salvo l'autorizzazione del giudice». Io però non ho mai saputo che un giudice abbia negato l'autorizzazione al padre, beninteso senza ascoltare la diretta interessata; peraltro, spesso e volentieri si fa anche a meno dell'autorizzazione del giudice. E non è raro vedere per strada povere ragazzine di quattordici o quindici anni che chiedono l'elemosina con in braccio il loro figlioletto...

In realtà, una sudanese non può vivere sola: la legge non affronta il problema, la società non lo tollera. Nel contempo, le piccole dimensioni degli alloggi di città e l'aspirazione al confort della vita moderna impongono un dato di fatto: quando ciascun bambino vuole la propria camera e i genitori la loro intimità, la coabitazione diventa impossibile. Quando ero bambina, e non si tratta di un passato tanto lontano, la famiglia allargata viveva sotto lo stesso tetto: i nonni, i figli, i nipoti formavano un'unica famiglia, fratelli e cugini si mescolavano. Certo, questa tradizione perdura ancora, ma è sempre meno diffusa, soprattutto nelle grandi città. Può infatti accadere che una donna, vedova o divorziata, si ritrovi ad abitare sola, senza nessuno che le faccia da chaperon. Indubbiamente la riprovazione pubblica permane, tuttavia peserà sempre di meno. Inoltre cominciano a "saltare il fosso" anche donne nubili che hanno scelto di lavorare.

Non mancano poi situazioni e casi isolati che rafforzano la mia sensazione che le cose cambieranno. Penso per esempio a quel padre che, all'indomani del matrimonio della figlia, ricevette una telefonata dal genero: «Tua figlia non è infibulata. O la fai infibulare immediatamente o te la riprendi».

Il padre non cedette al ricatto: «Ripudiala subito e riportamela».

Il genero, sbalordito, finì per cambiare idea. La rabbia svanì e la moglie rimase con lui, a testa alta. Purtroppo, di padri così non ce ne sono molti in Sudan! I più sarebbero infatti pronti a tutto pur di evitare la vergogna di un divorzio precoce, che metterebbe a rischio l'avvenire della figlia e getterebbe pesanti ombre sull'onore di tutta la famiglia.

«Meglio un cattivo matrimonio che un pettegolezzo»: in Sudan la regola generale è questa. Quella che fece piegare la testa a una giovane donna il cui sposo alla firma del contratto di nozze aveva acconsentito a che lei proseguisse gli studi, ma che, all'indomani del matrimonio, si sentì dire seccamente che il posto di una donna è la casa. La poveretta lasciò l'università, dove era considerata un elemento molto brillante. Scelse di sottomettersi non perché una qualche legge l'obbligasse a farlo, ma a causa del peso schiacciante della tradizione, un peso che obbliga molte donne ad accettare le peggiori umiliazioni senza lasciare il tetto coniugale. Il giorno in cui avranno acquisito l'autonomia finanziaria, saltare il fosso sarà loro certamente più facile...

Ci viene detto che queste usanze, e a maggior ragione la loro *sharia*, rispecchiano la volontà di Allah. Che cosa ha a che vedere la religione con questa galera? Io sono musulmana e quando rileggo il mio Corano vi trovo scritto che Allah perdonerà tutti i peccati a eccezione del politeismo, poiché quest'ultimo introduce una terza persona tra il fedele e il suo dio. Ma... il nostro governo islamista non cerca forse di imporsi come un terzo elemento? Come l'unico mediatore tra Allah e le Sue creature, nella misura in cui pretende di essere il solo a sapere che cosa sia gradito ad Allah e che cosa invece susciti la sua collera? È per compiacere Allah, o per compiacere le autorità, che alcuni uomini si lasciano crescere la barba, o fanno in modo che il marchio delle persone pie si imprima sulla loro fronte per far vedere che pregano e si prosternano parecchie volte al giorno? Coloro che pregano, e brigano per ottenere cariche importanti e conservare i loro privilegi, non adorano Allah, ma le autorità alle quali, in fondo in fondo, rivolgono le loro preghiere. Non pregano affatto Allah, non si sottomettono affatto ad Allah, hanno semplicemente paura del governo e della sua polizia. E quando si recano nelle moschee dello stato, non lo fanno per incontrare Allah, ma per incontrare questo o quel ministro, questo o quel pezzo grosso. Non è forse ipocrisia? Non è forse una forma di politeismo? Dio ha detto al suo profeta: «Ricorda loro!». Non gli ha detto: «Ordina loro!». Il nostro governo, che ha messo la propria mano nel rapporto tra l'uomo e il suo Dio, ha deciso, autonomamente, di non aver nulla da far "ricordare", ma di dover soltanto "ordinare". Mi sembra invece che compito primario di un governo non sia fare in modo che, dopo la morte, i suoi cittadini vadano in paradiso, ma gestire nel migliore dei modi l'aldiquà, costruendo scuole e ospedali.

Quanto all'*hijab*, parliamone.

La parola "*hijab*" compare in sette versetti del Corano, ma non allude affatto all'abbigliamento femminile, né alle donne in generale: in un caso è associata alla madre di un profeta, in un altro alle mogli di Maometto. Nel versetto 53 della sura 33, l'*hijab* è paragonato a una tenda che nasconde le spose del profeta Maometto dagli sguardi degli altri uomini. Si tratta infatti di usanze legate esclusivamente alla casa di Maometto, usanze che non vengono imposte ai normali fedeli. Si pensi, tanto per fare qualche esempio, al divieto, per le spose di Maometto, di risposarsi dopo la sua morte o alla raccomandazione, per coloro che mangiano alla sua tavola, di non guardare quello che hanno nel piatto, raccomandazione contenuta nello stesso versetto.

Nel versetto 17 della sura 19, l'*hijab* è associato alla Vergine Maria; non si tratta però di un velo, ma della sua reclusione per meglio consacrarsi all'adorazione. Nel versetto 46 della sura 7, l'*hijab* separa gli abitanti del paradiso da quelli dell'inferno, non quaggiù, ma nell'aldilà. Nel versetto 45 della sura 17 è invece la barriera che si frappone tra il profeta, che rivela il Corano, e i non credenti. Nel versetto 32 della sura 38 è l'oscurità che ha impedito al profeta Salomone di vedere i cavalli. Nel versetto 5 della sura 41 è l'ignoranza e l'indifferenza dei Quraishiti nei confronti di Maometto. E nel versetto 51 della sura 42 è la barriera tra Allah e l'uomo che si rivolge a Lui.

Con la forza, si può obbligare una donna a prostituirsi. Ma con la forza, la si può obbligare a vivere pura e senza peccato? Con la forza, magari con la forza delle *fatwe*, si può obbligare un popolo intero a vivere senza peccare? Allah non lo ha chiesto, ma le nostre autorità ci provano da vent'anni; il risultato è però assai poco convincente. Dicono che ci vuole la *sharia*, un insieme di leggi che i tribunali si incaricano di far rispettare. Ora, persino i nostri tribunali snaturano l'islam pretendendo di difendere il volere di Allah: da nessuna parte Allah ha mai affermato che la difesa non ha diritto di parola. Eppure nei nostri tribunali è così: questo diritto non esiste. Bisognerebbe dunque ricordare loro che il nostro profeta si è personalmente offerto come avvocato della difesa quando un uomo, un peccatore che aveva riconosciuto il proprio crimine, si era presentato davanti a lui. Analogamente Allah non ha mai affermato che una donna, che indossi questo o quell'abito, debba essere fustigata. Avevo posto questa domanda su un grande giornale egiziano, «Al-Ahram», su cui avevo pubblicato un articolo. Un lettore mi rispose che, per l'islam, una donna che si profuma in casa propria deve essere considerata un'adultera, e che una sposa che si agghinda è ancora peggiore della donna che si profuma. Ora l'adultera merita la lapidazione. Bene. In questo caso, perché volete fustigarmi? Non meriterei piuttosto la lapidazione per aver portato i pantaloni? Tanto più che sono vedova, circostanza aggravante agli occhi della legge religiosa!

No, la religione non ha nulla a che vedere con tutto questo. La religione non ha nulla a che vedere con i testi che si sono inventati, né con le regole della morale pubblica che da questi testi hanno tratto. La religione è il rapporto tra l'uomo e il suo Dio, un rapporto in cui non interviene alcuna terza persona. Il leader sudista John Garang aveva pronunciato una frase sublime quando aveva affermato che lo stato non può avere una religione; sono gli individui ad avere una religione, a pregare sono gli individui. Lo stato non va in chiesa né nella moschea...

Sono musulmana e la mia relazione con il mio Dio riguarda solo me. Persino l'obbligo di indossare l'*hijab*, che hanno decretato essere un ordine divino, è una faccenda tra Dio e me. Io rispetto le regole di Allah e rispetto tutte le fedi: nel Sudan in cui sono cresciuta, monoteismo e politeismo, adoratori di Allah, di Yahweh, della vacca sacra o del sole, sono vissuti fianco a fianco e si sono rispettati per secoli. Per il resto, la mia fede è una questione personale. Una questione che riguarda esclusivamente me e il mio Dio, con cui preferisco comunicare direttamente.

Quanto al mio paese, resto persuasa che attualmente stia attraversando una fase di transizione tra l'ordine antico, quello della tradizione, e un nuovo ordine che si imporrà di per sé, non con la coercizione, ma in ragione delle necessità della vita moderna. Altre società hanno attraversato questa fase prima di noi, altre ancora la attraverseranno in futuro. Transizioni simili non si realizzano mai senza scosse, scosse che talvolta possono essere brutali. Non viviamo più come cinquant'anni fa, né viviamo come vivremo tra cinquant'anni. Ero bambina quando le sudanesi sposate hanno cominciato a lavorare; allora in casa c'erano sempre una zia o una nonna in grado di badare ai bambini; affidarli a una tata, a un'estranea, sarebbe stato impensabile. Oggi molte nonne lavorano, molte nonne seguono corsi di dottorato. Le sudanesi con figli che scelgono di non smettere di lavorare (non sono molte, ma ci sono, tantopiù che in famiglia un secondo stipendio è quanto mai gradito) continuano a non vedere di buon occhio la prospettiva di affidarli a una tata. Tuttavia, quando non ci sono alternative, fanno buon viso a cattivo gioco: la realtà economica ha trionfato sulle ideologie.

Peraltro accadde così già agli inizi degli anni Novanta, quando il governo islamista di Omar al-Bashir si mise in testa di "riportare a casa" le donne, fatta eccezione per quelle che esercitavano professioni "consentite", come per esempio le istitutrici e le infermiere. Ma le donne del popolo, le venditrici di tè o di caffè, non hanno avuto altra scelta che dire no e battersi per dar da mangiare ai loro figli. Ancora oggi non c'è giorno in cui non vengano arrestate, non c'è giorno in cui non vengano condannate, fustigate e imprigionate, eppure continuano a dire no. Di fatto non per scelta, ma per necessità, per mangiare.

E non dimentichiamo la violenta opposizione alla partecipazione delle donne alla vita politica, scatenata dagli islamisti sudanesi negli anni Sessanta in nome della religione. Dopo di allora, le donne hanno avuto il diritto di voto e alle elezioni parlamentari del 2010 il nostro governo islamista ha riservato loro il 25% dei seggi. «A questo proposito, non c'è alcun ostacolo di tipo religioso» ha persino dottamente sentenziato il capo politico del movimento integralista sudanese Ansar al-Sunna.

Per quel che mi riguarda, sono diversa dalle altre? Sono il prodotto della stessa società. Cionondimeno, non ci vogliono forse delle rivoluzionarie per cambiare le cose? Io mi sono aperta al mondo grazie al mio lavoro e grazie alla mia forza di volontà. Molti mi hanno appoggiata, molti uomini e molte donne che condividono le mie idee, ma molti mi hanno criticato. Ho osato, e oso credere di aver aperto una breccia. L'ho aperta quando, dopo il mio processo, quattro giovani donne, arrestate per aver indossato i pantaloni nel corso di una scampagnata all'isola di Tutti, nei pressi di Khartoum, hanno deciso di non tacere: hanno osato invitare i parenti ad assistere al processo e alla condanna. Assolte dal giudice, sono uscite a testa alta dal tribunale, senza essere né fustigate né multate. Sono fiera di averle incoraggiate ad affrontare il giudizio e la società. Perché né l'America, né la Francia, né il mondo intero potranno aiutarci a cambiare se noi stessi non abbiamo la volontà di farlo. È con le nostre forze che ci riusciremo!

Che cosa succederà se cento donne saudite, cui nel proprio paese è vietato guidare la macchina, violeranno la legge tutte insieme, mettendosi al volante come fanno comunemente a Londra o a Beirut, e manifesteranno in corteo per le vie di Jeddah o di Riyad? Saranno arrestate? Saranno fustigate? Non credo, ma che importa? Soltanto simili elettroshock possono produrre cambiamenti!

Capitolo Otto

QUARANTA FRUSTATE PER UN PAIO DI PANTALONI

Sono uscita come un automa dal commissariato di polizia dove ero appena stata interrogata dallo stesso agente che mi aveva arrestata a Oum Kalthoum perché indossavo un paio di pantaloni. Era martedì e io ero stata arrestata il venerdì sera.

La prima telefonata fu per la sede locale dell'ONU, dove lavoravo, per chiedere una giornata di ferie. La mia determinazione era ormai tale che non avevo neppure più bisogno di riflettere. Al contrario, andai direttamene in una copisteria, chiesi un foglio e una matita e, di getto, buttai giù il testo dell'invito:

In nome di Allah il Misericordioso.
Invito pubblico:
*la giornalista Lubna Ahmad al-Hussein (*Parole di uomini*) vi invita ad assistere al suo processo e alla sua fustigazione, in base all'articolo 152 del codice penale sudanese del 1991, per aver offeso la sensibilità pubblica.*
Luogo: tribunale dell'ordine pubblico.
Data: ? luglio 2009.

Avevo indicato il titolo della rubrica che tenevo quotidianamente per non dare adito a confusione, sostituito la data con un punto interrogativo perché tale data non mi era stata notificata, e aggiunto il numero del mio cellulare. Porsi il foglietto al tipografo e gli chiesi di stampare quattrocento cartoncini di invito. I cartoncini dovevano essere della miglior qualità, precisai, quella che viene comunemente utilizzata per le partecipazioni di matrimonio.

Il tipografo lesse il testo e sorrise: «Gliene offro cento in più».

Sono uscita dalla tipografia con sottobraccio i miei cinquecento cartoncini di invito e relative buste, eleganti e decorate. Erano le due del pomeriggio e dunque avevo davanti a me un sacco di tempo.

Inizialmente avevo pensato di inviare gli inviti tramite sms, ben presto però scartai quella possibilità: i cartoncini facevano assai più "scena" di tre righe scritte sul telefonino, erano tutta un'altra cosa. Quanto alla possibilità di un articolo pubblicato su un giornale, era decisamente da escludere: con un tratto di penna la censura lo avrebbe cancellato.

Cominciai con i quotidiani e alcuni settimanali generalisti, pubblicazioni un po' meno controllate dalla censura. Quanto al "rituale" fu immutabile: in ogni redazione consegnavo un invito al direttore, raccontandogli brevemente la mia storia; poi ne appendevo un altro, destinato a tutti i giornalisti e a tutti i dipendenti, sul tabellone riservato ai volantini e agli annunci importanti.

Dopo le sedi dei giornali, mi recai nei vari ministeri. Indossavo i pantaloni. Furono il mio atteggiamento determinato e la mia andatura priva di esitazione, o il mio tesserino di dipendente dell'ONU a permettermi di "forzare" le porte, di superare, senza neppure dover discutere, lo sbarramento degli addetti alla difesa della moralità? Forse pensavano che avessi una carica istituzionale importante o che fossi la figlia di un alto dirigente, sta di fatto che nessuno mi sbarrò il passo. In ciascun ministero entrai nell'ufficio del ministro e consegnai il cartoncino al capufficio. Andai anche al palazzo di giustizia e persino alla sede della presidenza della repubblica, dove consegnai due inviti: uno per Omar al-Bashir e uno per il suo addetto stampa. A ogni tappa, tendevo la busta, simile a un invito a una festa di matrimonio, e non appena leggevo lo stupore sul viso di chi la apriva, raccontavo brevemente la mia storia.

Feci altrettanto con i corrispondenti delle principali reti televisive arabe, poi tornai a casa mia e mi piazzai davanti al computer. Era arrivato il momento di dare il via alla seconda mossa del mio piano. Scannerizzai l'invito e feci altrettanto con la pagina 200 del codice penale sudanese, in cui è riportato l'articolo 152 che punisce «gli atti contrari alla morale pubblica», dopodiché per e-mail li inviai a tutti i miei contatti. Salii di nuovo in macchina e ripresi il mio giro. In due redazioni fui intervistata e fotografata: indossavo gli stessi pantaloni della sera in cui ero stata arrestata. L'indomani scoprii che, come prevedibile, gli articoli erano stati censurati. Scherzando solo a metà, il caporedattore di uno dei giornali censurati mi disse che di certo gli sarebbe stato più facile pubblicare la fotografia di Luis Ocampo, procuratore della corte penale internazionale, personaggio detestato dal regime perché, pochi mesi prima, aveva accusato Omar al-Bashir.

La giornata non era ancora finita quando, dopo aver condotto una propria inchiesta, un sito sudanese molto apprezzato (sudaneseonline.com) pubblicò un primo articolo, che fu visitato migliaia di volte in meno di due ore: fu così che la mia storia cominciò a circolare. Subito dopo, la Rete araba di informazione sui diritti dell'uomo (AHNRI) pubblicò, sul suo sito internet, in inglese e in arabo un comunicato in cui denunciava il mio arresto.

Quella notte andai a letto molto tardi. Fui svegliata molto presto dallo squillare del telefono: la BBC, la radio britannica in lingua araba, mi proponeva un'intervista. Avevo lavorato come giornalista della carta stampata, e grazie al mio lavoro all'ONU avevo acquisito famigliarità con diversi modi di scrivere e di comunicare, ma quell'intervista fu il mio primo intervento in diretta. Da quel momento in poi, famigliarizzai con l'universo audiovisivo, con i meandri delle dirette e delle trasmissioni dal vivo, e imparai a trasmettere la totalità del mio messaggio in funzione del tempo assegnatomi: due, cinque o dieci minuti. Peraltro, conservo un ricordo bruciante del mio primo dibattito televisivo, in cui ero in studio con un rappresentante del governo abituato a questo genere di interventi. Prima ancora che la trasmissione andasse in onda, mi aveva cucinata a puntino e fatta uscire dai gangheri. Quel giorno non fui affatto brillante, ma imparai la lezione.

I miei interventi sui media divennero rapidamente quotidiani. In un primo momento furono i media arabi a interessarsi a me: venivo chiamata dal Libano, dall'Egitto, dal Qatar, dalla Giordania, rilasciavo interviste, partecipavo a dibattiti e forum. Poi si fece avanti anche la stampa internazionale: la mia prima intervista, tradotta simultaneamente in inglese e francese, fu per una televisione francese, France 24. Contemporaneamente assistetti a una mobilitazione internazionale, sia dell'opinione pubblica sia di dirigenti, di ministri, di capi di stato e persino del segretario generale dell'ONU, Ban Ki Moon; tutti lanciarono appelli e diedero il via a iniziative che, al di là della mia persona, supportavano la mia lotta in difesa dei diritti della donna sudanese.

Sinceramente non mi sarei mai aspettata un simile diluvio mediatico. Il giorno in cui avevo effettuato la mia doppia tournée dei media, in macchina e su internet, i miei "sogni" più arditi non andavano oltre questa o quella catena satellitare araba. Chi mai poteva interessarsi alla storia assurda di una sudanese condannata a quaranta frustate per aver indossato un paio di pantaloni? Tuttavia, per quanto strano possa sembrare, non posso fare a meno di sentirmi grata alle autorità del mio paese che, per insipienza o per mancanza di interesse, hanno perso tempo lasciandomi la possibilità di parlare, di raccontare la mia storia, la storia delle donne del mio paese, e di allertare il mondo intero. Quando i media arabi si sono mossi, avrebbero potuto affrettarsi, prendere l'iniziativa e regolare rapidamente quello che era ormai diventato "l'affare Lubna al-Hussein". E invece no, con ostinazione degna di miglior causa hanno battuto la testa direttamente contro il muro, offrendomi la Terra intera su un piatto d'argento.

Non a caso la data del processo a cui avevo invitato la stampa, parenti, amici e conoscenti continuava a non essere fissata. E nel frattempo quanti errori sono stati compiuti dal governo! È necessario raccontarli tutti? Ci fu persino la telefonata del presidente della federazione dei giornalisti sudanesi, un organismo legato alle autorità politiche: «Lubna, perché non mi ha chiamato per informarmi nel momento stesso in cui è stata arrestata?».

«Avrei voluto farlo, era la cosa che più mi stava a cuore, ma non avevo più il telefono. Ero stata arrestata e dunque la polizia me lo aveva confiscato...» gli risposi con lo stesso tono sciropposo.

«Ma perché non è venuta a raccontarmi la sua storia? L'ho appresa dalla radio!»

«Sono venuta alla federazione, ho incontrato un responsabile e gli ho consegnato un invito ad assistere al mio processo. L'invito era destinato a lei. Non le è stato recapitato?»

Il nostro ipocrita botta e risposta è continuato. A un certo punto il presidente mi ha chiesto di autorizzarlo a intervenire in mio favore presso le autorità.

«Di questa autorizzazione lei non ha alcun bisogno. Lei è il presidente di una federazione a cui io sono affiliata, e dunque ha pieno diritto di intervenire. Ciò non toglie che, da parte mia, non c'è alcun desiderio di essere al di sopra della legge.»

Pochi giorni dopo, il presidente mi ha ritelefonato per farmi una proposta: «Se lei si impegna, per iscritto, a non portare più i pantaloni, io faccio annullare la sua condanna».

Questa volta gli ho risposto seccamente.

«Io continuerò a portare i pantaloni e non voglio affatto che la mia condanna venga annullata.»

Successivamente si parlò di "grazia" da parte del presidente della repubblica, che però non mi fu mai notificata. Perplesso, il mio avvocato chiese di consultare il mio dossier. L'accesso non gli fu negato, tuttavia... non ci fu alcun accesso. Il dossier a mio carico si era perso nel percorso tra le varie amministrazioni, così almeno gli fu detto.

Eravamo ormai a metà luglio e io non conoscevo ancora la data del processo. Intanto però, sul mio caso la mobilitazione internazionale non diminuiva. Entro i confini del Sudan, in cui la stampa è imbavagliata, i giornalisti moltiplicarono le mosse a effetto. Il 14 luglio fu organizzata una giornata di solidarietà da parte di un quotidiano di opposizione, «Ajrass al-Hurriya», «Le campane della libertà», che riuscì a parlare dei miei pantaloni in un articolo stilato in modo tale che la censura non ci capì un'acca.

Rappresentanti del mondo della stampa, delle associazioni civili, degli avvocati, dei partiti politici dell'opposizione risposero all'appello e diedero il loro appoggio all'associazione che fu creata quel giorno stesso: «No all'oppressione delle donne».

Ero in mezzo a loro, stupita del loro sostegno, quando lo zio della mia amica Hanadi, che dopo il mio arresto si era offerto come garante della mia persona, mi telefonò: ero stata convocata sui due piedi presso il commissariato di polizia per un nuovo interrogatorio. Chiesi che mi fosse concesso che l'interrogatorio venisse posticipato di alcune ore (il tempo necessario perché potessi rilasciare l'ennesima intervista a un'emittente televisiva araba) e informai i presenti; la maggioranza di loro decise di accompagnarmi.

Davanti al commissariato ci attendeva uno spettacolo penoso: una camionetta della polizia scaricava il suo carico di venditrici di tè. Le donne in *thob* scendevano una dopo l'altra, tristemente rassegnate alla sorte che le attendeva: la frusta, una multa o la prigione, o addirittura tutte e tre le sanzioni. Quelle che avevano dei bimbi tanto piccoli da dover essere allattati li tenevano stretti tra le braccia; le altre erano probabilmente preoccupate sapendo di non poter informare della propria sorte i figlioletti, rimasti a casa.

Poiché la nostra manifestazione fu dispersa con il pretesto che non era stata autorizzata, al commissariato entrai sola. Chiesi tuttavia che fosse presente il mio avvocato, ma la risposta fu: «Qui gli avvocati non possono entrare, le porremo soltanto alcune domande».

Un poliziotto mi interrogò dunque a proposito dei miei pantaloni: le solite domande, le stesse che mi erano già state poste mille volte. Poi fu introdotto un nuovo capo di imputazione: la camicetta.

«La sua camicetta era trasparente.»

«Sotto la camicetta avevo altri indumenti.»

«Che tipo di indumenti?»

Cascavo dalle nuvole. In qualsiasi altro paese una domanda simile sarebbe stata considerata al limite della molestia sessuale, ma evidentemente non era affatto così nel paese della *sharia*! In ogni caso, le sorprese non erano finite dal momento che il poliziotto si era messo in testa di convincermi che al momento dell'arresto stavo fumando la *chicha*.

La mia pazienza era però al limite: «Amico mio, io non fumo la *chicha*, e se la fumassi lo farei seduta su una sedia che metterei sulla porta di casa. Io abito lungo la strada che il presidente percorre quando, dalla sua abitazione, si reca al palazzo presidenziale. Peraltro, se fumare la *chicha* è illegale, perché l'autorizzate nei caffè e nei ristoranti? E perché non è illegale per gli uomini?».

Ovviamente, alla mia valanga di domande non ottenni nessuna risposta. In compenso l'agente ventilò la possibilità di "chiudere la faccenda". Io però ne avevo ormai abbastanza: «Altre avrebbero meritato, assai più di me, che la loro faccenda fosse "chiusa": la ragazzina di sedici anni, la piccola cristiana arrestata la stessa sera in cui fui arrestata io e che, lei sì, è stata frustata e per giunta condannata a pagare un'ammenda».

Uscii dal commissariato senza saperne di più sulla data del mio processo. Mi alzai quando il poliziotto mi apostrofò un'ultima volta, manifestando tutto il proprio stupore per il fatto che insistessi nell'indossare "abiti scandalosi", gli stessi che portavo al momento dell'arresto.

«Una persona citata in giudizio viene ritenuta colpevole solo dopo che è stata pronunciata la sentenza di colpevolezza. Anche i miei abiti potranno essere dichiarati scandalosi solo dopo il verdetto del giudice» gli gridai andandomene.

Quello stesso giorno Omar al-Bashir incontrava, al Cairo, il presidente egiziano Hosni Mubarak. La stampa riferì che si era parlato anche del mio caso e che Mubarak aveva fatto notare all'ospite che per il Sudan sarebbe stato opportuno evitare questa nuova "pubblicità", aggiungendo che, in ogni caso, in Egitto le donne egiziane indossano comunemente i pantaloni senza che nessuno trovi qualcosa su cui eccepire. Si tornò anche a prospettare l'eventualità di una "grazia presidenziale", concessa a «persone che recentemente siano state oggetto di procedimenti penali per questioni legate alla moralità»: me lo confermò un vecchio compagno di università, vicino alla presidenza e alla famiglia di al-Bashir.

Ma che "crimine" avevo commesso? Per quale "colpa" avrei potuto beneficiare della grazia presidenziale? Perché mai sarebbe stata concessa solo a me? E tutte le migliaia di donne che avevano commesso lo stesso "crimine", e tutte le migliaia che lo commetteranno in futuro? E le mie compagne di sventura, le dieci malcapitate giudicate, condannate e frustate su due piedi? Alcuni giornalisti mi intervistarono per conoscere la mia posizione circa la grazia presidenziale. Dissi loro che la grazia non era affatto benvenuta. Innanzitutto perché, essendo al momento semplicemente accusata e in attesa di processo, non potevo essere dichiarata colpevole. E poi perché trovavo ridicolo che il presidente al-Bashir, certamente impegnato a risolvere problemi vitali per il nostro paese, dedicasse il proprio tempo prezioso a una questione simile, ovvero prendesse una misura tanto solenne per un paio di pantaloni. Dopotutto, non avevo imbracciato le armi, né ero stata accusata di complottare contro lo stato! Infine aggiunsi che altre donne, incarcerate in condizioni spaventose, avrebbero meritato assai più di me la clemenza del nostro presidente.

Nei giorni successivi i giornali sostennero che un migliaio di donne furono effettivamente fatte uscire dalle galere sudanesi. Quanto alla stampa amica del regime, si scatenò contro di me: in articoli su articoli fece riferimento alla legge e dichiarò che io ero al di fuori della legge. Questa campagna interessò anche le moschee.

Il primo sermone dedicato ai miei pantaloni, o più esattamente all'uso dei pantaloni «da parte di una giornalista svergognata», fu pronunciato il 17 luglio, un venerdì, contemporaneamente in parecchie moschee. Non ascoltai il sermone, tuttavia, dopo l'ora della preghiera, fui colpita dalla presenza, davanti a casa mia, di tre uomini, tre islamisti che indossavano la *djellaba* bianca salafita che arriva a metà polpaccio e sfoggiavano una lunga barba incolta. Parlavano tra di loro puntando il dito verso la mia casa: il tutto durò per una quindicina di minuti, poi se ne andarono. La loro presenza non poteva sfuggirmi: abito in un quartiere in cui ci sono soltanto uffici, che il venerdì, giorno di riposo, sono chiusi. Il quartiere era dunque deserto. Comunque non ci avrei badato se non mi fosse stato riferito il contenuto del sermone. Tre giorni dopo, un lunedì, uscii presto per fare delle compere. Al mio ritorno, uno sconosciuto, in sella a una vecchia motocicletta senza targa, era fermo in mezzo alla strada. Mi fissò. Lo fissai. Quel colloquio silenzioso durò alcuni minuti, poi si mosse, mi si avvicinò, e mormorò: «Sono un ammiratore». E se ne andò. Non compresi il tenore del messaggio e non sporsi denuncia, perché non avevo alcun elemento per farlo. Il custode di uno stabile vicino, testimone della scena, mi disse di conoscere quell'uomo: apparteneva alle forze dell'ordine.

Mi preoccupai molto di più alcuni giorni dopo quando, salendo in macchina per recarmi alla sede dell'ONU presso cui lavoravo, un motociclista mi si avvicinò e, attraverso il finestrino, mi lanciò queste parole: «Amica mia, quando sarai in tribunale, ricordati della sorte di Marwa». Impiegai alcuni minuti ad associare quella minaccia all'egiziana Marwa Cherbini, che era appena stata pugnalata a morte, il primo luglio del 1999, all'interno del tribunale di Dresda, in Germania, dopo che aveva sporto denuncia per aver ricevuto insulti razzisti. Alla sede dell'ONU, i responsabili della sicurezza, a cui avevo raccontato l'accaduto, mi accompagnarono al commissariato, dove sporsi denuncia sotto un ritratto di Omar al-Bashir. A ogni buon conto, l'agente in servizio non si trattenne dal farmi domande sulla levata di scudi che avevo scatenato. Della denuncia non ho più saputo nulla, ma dal quel giorno in poi ho evitato di dormire più di due notti di seguito nello stesso letto: sono andata da mia madre, dalle mie amiche, dai parenti, e li ho invitati a turno a passare qualche notte a casa mia. Per motivi di sicurezza mi era stato consigliato di evitare di parlare della faccenda e così feci.

Erano le tre del pomeriggio del 28 luglio quando il mio telefono squillò. Mi si informava che il processo sarebbe stato celebrato l'indomani, alle dieci del mattino, in un tribunale del centro di Khartoum, che non era tuttavia quello in cui normalmente si tengono i processi per attentati all'ordine pubblico. Per prepararmi mi restavano dunque meno di diciannove ore. La scelta di quel tribunale mi era congeniale: è ben servito dai mezzi pubblici e credo proprio che, nell'indicarlo, le autorità non si siano rese conto di questo particolare che giocava in mio favore. Questa volta allertai i miei simpatizzanti per telefono e per e-mail, comunicando il luogo e l'ora dell'appuntamento che aspettavamo da quasi un mese.

In base all'affluenza penso proprio di poter affermare di aver fatto un buon lavoro. Arrivai poco prima dell'inizio della seduta: la sala era strapiena e molti non erano neppure riusciti a entrare. Erano già presenti gli ambasciatori stranieri, compreso il delegato dell'Unione Europea, i corrispondenti della stampa locale e internazionale, i rappresentanti dei partiti di opposizione, delle associazioni per i diritti civili e persino dell'Unione delle donne, un organismo vicino al governo. Il giudice iniziò leggendo il capo di imputazione; nella sala troneggiava una *chicha*, indicata come elemento di prova di un reato supplementare che avrei commesso. Mi permisi di ricordare che, quella famosa sera, una sola donna era stata arrestata per aver fumato la *chicha*, e che costei era stata giudicata e frustata seduta stante. Come era possibile che una seconda colpevole fosse spuntata un mese dopo? Il giudice non si degnò di prendere in considerazione le mie parole, ma di *chicha* non sentii più parlare.

Il primo a prendere la parola fu l'avvocato della sede ONU, che fece notare come, in virtù dell'accordo stipulato nel 2005 tra il Sudan e le Nazioni Unite, io beneficiassi di immunità. Il procuratore ribatté che quell'accordo non poteva essere applicato al mio caso. Dichiarazione surreale quanto quella del ministro della Giustizia che, poco prima, intervistato da una televisione araba, aveva affermato senza battere ciglio che le sudanesi non sono mai frustare a causa dei loro abiti. Di fronte a tanta malafede e a tanta faccia tosta mi sentivo soffocare. Infine, l'avvocato scelto dal mio comitato di difesa espose il mio punto di vista: non volevo beneficiare di alcuna immunità, indipendentemente dal fatto che fosse o non fosse prevista dagli accordi del 2005.

Dopo aver ascoltato i tre uomini, il giudice ordinò una sospensione della seduta. Ovviamente tutti lasciarono la sala, tutti a eccezione di tre pezzi grossi della polizia che assistevano al processo. Li guardai negli occhi, fissamente. Sapevo che stavo per avere partita vinta: «La sospensione della seduta si applica anche all'accusa. Perché non uscite?».

I tre si alzarono e se ne andarono. Io li seguii.

La seduta riprese e restammo tutti di stucco quando il giudice annunciò che intendeva consultarmi per conoscere la mia posizione: «Se desideri mantenere l'immunità di cui godi, l'accusa cadrà. Oppure preferisci che il processo vada avanti?».

Non ebbi bisogno di riflettere prima di rispondere: «Rispetto l'accordo stipulato dal Sudan, di cui sono cittadina, e l'ONU di cui sono dipendente. Ora, questo accordo non permette che io sia processata. Pertanto rassegnerò le mie dimissioni, affinché il processo possa continuare».

Ricordo bene il vociare che si scatenò in tutta la sala e ricordo la voce di uno dei miei difensori che, nonostante il chiasso, riuscì ad apostrofare il giudice: «Da quando in qua un giudice consulta un accusato per sapere se vuole essere giudicato? Le si chiede di applicare la legge, null'altro che la legge, checché ne dica l'accusato».

Il giudice finse di non aver udito e fissò una nuova udienza per il 4 agosto.

Davanti al tribunale c'erano le tracce dei tafferugli che avevano contrapposto la polizia e alcuni fotografi. Alcuni erano stati malmenati, altri arrestati, ma i video degli incidenti furono messi immediatamente su internet da alcuni dei presenti, gonfiando ulteriormente "l'affare Lubna al-Hussein". Io me la ridevo sotto i baffi: non sarebbe stato più saggio, da parte delle autorità, lasciare che quei fotografi immortalassero qualche ambasciatore e qualche giornalista sul marciapiede antistante il tribunale? Tuttavia la cosa che più mi stava a cuore era recuperare il mio tesserino di dipendente dell'ONU, che avevo consegnato al cancelliere, come documento di identità. Costui, mi fu detto, era andato a fotocopiarlo. Stranamente non tornò più e io mi rassegnai a lasciare il tribunale senza tesserino.

Avevo fretta di tornare alla sede dell'ONU. Senza passare nel mio ufficio, bussai alla porta del mio superiore in ordine gerarchico e rassegnai le dimissioni. Mi propose di restare al mio posto e di chiedere che mi fosse revocata l'immunità.

«Per me, non si tratta più di un semplice processo, ma di una lotta contro una legge. Una lotta per cui mi sarà indispensabile godere di totale libertà di parola. Devo dunque dare le dimissioni per non rinunciare a battermi e nel contempo non coinvolgere l'ONU.»

Ormai non pensavo più ad altro che non fosse quella battaglia. Pretesi che le mie dimissioni avessero effetto immediato: fu così dall'indomani, quando riuscii a recuperare il mio tesserino. A quel punto potevo dedicare tutte le mie energie a battermi.

La presenza in tribunale degli ambasciatori occidentali scatenò una valanga di richieste di interviste, a tal punto che parecchi corrispondenti di giornali importanti vennero a Khartoum per incontrarmi. Posi il mio "quartier generale" a Oum Kalthoum, dove sfilarono, tra gli altri, giornalisti del «Washington Post», del «Guardian», del «New York Times» e del «Daily Telegraph».

Avevo urlato, avevo voluto che il mio grido fosse udito dal mondo intero, ma, sinceramente, non pensavo affatto che il mondo intero avrebbe udito il mio grido. Ero riuscita, al di là di tutte le mie speranze, ad attirare l'attenzione sulla realtà sudanese. Il mio telefono squillava senza sosta e io non sapevo più se parlavo con la Cina, la Francia, l'Italia, la Germania o i Paesi Bassi, se ero in contatto con paesi i cui abitanti forse non sapevano neppure dove localizzare il Sudan su una carta geografica. Inoltre passavo gran parte del mio tempo negli studi televisivi delle emittenti arabe e straniere i cui giornalisti mi intervistavano in diretta; su Facebook la mia pagina debordava; per sostenermi erano stati creati due siti, iamlubna.com e solidaritywithlubna.com. Annotavo la mia storia, e intanto preparavo l'udienza del 4 agosto, udienza che volevo roboante.

Sapevamo tutti che anche la polizia si stava organizzando.

Il 4 agosto era un martedì e l'udienza sarebbe iniziata alle dieci del mattino. Già a partire dalle nove, parecchie donne si sparpagliarono nei pressi del tribunale, alla chetichella, senza dare nell'occhio. Per raggrupparci avevamo concordato un segnale: uno *youyou*. Fu lanciato nel momento stesso in cui mi avvicinavo e in meno di un minuto cartelloni e striscioni circondarono il tribunale. Scesi dalla macchina e lanciai a mia volta uno *youyou*, perché la tradizione vuole che gli *youyou* si rispondano.

Da allora è diventata di moda la frase: «Il presidente danza, l'opposizione lancia *youyou*» alludendo alle apparizioni pubbliche di Omar al-Bashir che, soprattutto dopo la condanna da parte della corte penale internazionale, non rinuncia a danzare, con tanto di bastone, davanti alle telecamere, lui che, all'inizio degli anni Novanta, aveva varato una legge che in Sudan vietava la danza. Insomma, danzare davanti alle telecamere era diventata un'irrinunciabile questione d'onore.

Quanto al mio processo, come prevedibile la polizia

intervenne disperdendo la manifestazione a colpi di manganello e di gas lacrimogeni e impedendo alle manifestanti di avvicinarsi al tribunale dove aveva preso posto lo stesso drappello di ambasciatori, di giornalisti, di associazioni e di esponenti dell'opposizione. L'udienza fu sbrigativa: il giudice si accertò dell'effettiva presenza delle parti e lesse un comunicato con cui annunciava che, come prima cosa, il tribunale doveva verificare l'autenticità del mio accreditamento presso la sede dell'ONU. Aggiunse che successivamente avrebbe chiesto al ministero degli Esteri di pronunciarsi sulla mia immunità. L'udienza successiva fu fissata per il 7 settembre, in pieno ramadan. Quanto tempo perso per le autorità! E quanto tempo guadagnato per me! Infatti, all'uscita del tribunale, rivolgendomi alla stampa feci una dichiarazione con la quale ringraziavo caldamente le autorità che mi concedevano un mese in più per condurre la mia campagna mediatica in difesa dei diritti delle donne sudanesi.

Leggendo i giornali dell'indomani, scoprii che, all'interno stesso del tribunale e mentre era in corso il mio processo, una donna era stata frustata. La poveretta era stata arrestata con la scusa che il velo che portava non era abbastanza coprente; con uno scatto d'ira la donna si era tolta il velo e lo aveva scagliato a terra. A quel punto la sua punizione era stata duplice: quaranta colpi di frusta per aver violato l'articolo 152 del codice penale e sessanta colpi supplementari per aver insultato l'islam. Non c'erano testimoni perché era stata arrestata per strada e non conoscevo il suo nome; la cercai ma non riuscii mai a trovarla. Disgraziatamente le donne fustigate continuano a vergognarsi. Ma vergognarsi di che? Non hanno commesso nessun crimine, non sono colpevoli di nulla. È quello che non smetto di ripetere e che continuerò a ripetere fino a quando mi ascolteranno.

Agosto fu il mese delle trattative. Gli appelli che ricevevo dai "mediatori", islamisti e altri esponenti vicini al governo, oscillavano tra le promesse e le minacce. In luglio, quegli stessi "mediatori" davano per certo che il processo poteva essere insabbiato in cambio dell'impegno, da parte mia, di non mettere più i pantaloni. Dopodiché le promesse di assoluzione furono subordinate a una sola condizione: che me ne stessi zitta una volta per tutte e poi indossassi quello che mi pareva e piaceva! In cambio del silenzio, mi fu offerto persino un vasto terreno agricolo sulla riva del Nilo, dove avrei potuto sfruttare le mie competenze di agronoma.

Ovviamente rifiutai: «Non ho bisogno di nulla, non ho paura, pretendo solo che siano rispettati i miei diritti. Non tacerò e voi non insabbierete il dossier che mi riguarda».

A quel punto minacciarono di confiscare i miei beni e la mia casa. Anche mia madre ricevette minacce e telefonate con cui le annunciavano che mi avrebbero tolto di mezzo. Ero preoccupata, costantemente in allerta, non restavo mai sola e non mi trattenevo mai a lungo nello stesso posto. In un'intervista a un giornale locale il capo della polizia fornì i dettagli del mio arresto. Dettagli inediti! Quella sera, disse, indossavo pantaloni aderenti e una camicetta corta e trasparente, inoltre mi trovavo in un ristorante in cui una donna fumava la *chicha*. Non mi degnai neppure di confutare quelle fandonie, né di rispondergli. Tuttavia avevo una gran voglia di ricordargli che, in una tribù sudanese del Nord del paese, ci sono donne che fumano la *chicha* esattamente come altre bevono il tè, persino in presenza del padre.

Il mese di agosto registrò anche "vittorie" dei paladini della moralità pubblica, sbandierate dai media legati al potere. In un caffè di Khartoum, furono arrestate delle adolescenti, colpevoli di aver scaricato, sul loro telefonino, alcune scene di un feuilleton turco di grande successo, *Nour et Mohannad*, in cui i due protagonisti si scambiavano un dolce bacio. I loro telefonini furono confiscati e le due ragazze ricevettero quaranta colpi di frusta a testa. Inoltre fu data spietatamente la caccia a pantaloni e veli trasparenti.

Peraltro, riportò una vittoria anche il comitato di sostegno che appoggiava la mia battaglia. Era la seconda metà di agosto, all'inizio del mese del ramadan. Una trentina di venditrici di strada erano state fermate perché colpevoli di vendere cibo in pieno giorno, e dunque in pieno periodo di digiuno. Forse erano delle cristiane che vendevano cibo a delle cristiane, e in ogni caso nessuno fu visto mangiare accanto a loro, ma la polizia non voleva sentire ragioni. Il mio comitato di sostegno fece notare che, in quelle stesse ore, i caffè e i ristoranti dei grandi centri commerciali continuavano non solo a vendere, ma addirittura a servire cibi e bevande ai propri clienti. E perché mai quelle malcapitate non potevano esercitare un'attività commerciale analoga, palesemente legale? Il prefetto ordinò il loro rilascio e permise loro di riprendere l'attività di venditrici ambulanti. Il mio comitato incoraggiò anche le donne arrestate e condannate a non tacere più.

Continuarono anche a essere organizzate giornate di solidarietà. Una di esse si tenne nella sede di un partito politico, il Movimento popolare, il cui capogruppo parlamentare, Yasser Arman, era appena stato aggredito. Era anche stato chiesto il suo arresto perché mi aveva pubblicamente espresso solidarietà e aveva denunciato gli arresti immotivati di donne da parte della polizia. Circolava voce che da un giorno all'altro gli sarebbe stata tolta l'immunità parlamentare. Quando presi la parola, chiesi di essere giudicata per lo stesso capo di imputazione; la mia immunità era già venuta meno a causa delle mie dimissioni e, in ogni caso, non avevo nulla da perdere dal momento che ormai ero disoccupata. Quel giorno erano presenti tutti i partiti di opposizione. Per rendere più spettacolare la riunione, fu acceso un falò su cui furono bruciate delle fruste.

Quanto a me, non potevo lasciare il Sudan. Lo avevo scoperto all'aeroporto di Khartoum, al momento dell'imbarco per Beirut dove ero stata invitata da un'emittente televisiva araba a partecipare a un importante dibattito sul ruolo e il posto della donna nella società araba. Il mio intervento non doveva superare la decina di minuti, tuttavia avevo accettato, sperando così di uscire, anche solo per tre o quattro giorni, dalla soffocante reclusione in cui, da quasi due mesi, ero costretta a vivere. Quando però mi sono presentata all'ufficio in cui vengono rilasciati i visti di uscita, una formalità obbligatoria per tutti i sudanesi in partenza dal paese, l'addetto si è "bloccato" davanti al mio passaporto: ha esitato, ha compiuto verifiche sul suo computer, poi mi ha chiesto: «Lei è Lubna al-Hussein, vero? La giornalista?».

A quel punto sono stata accompagnata nell'ufficio della polizia di frontiera, dove il mio passaporto è stato fotocopiato, pagina per pagina, prima che mi venisse comunicato il divieto di uscire dal territorio nazionale. Ho insistito per ottenere una copia del divieto e, a furia di discutere, ho ottenuto soltanto di dargli uno sguardo. Si trattava di tre righe, abbellite da un colossale errore di ortografia. Non erano firmate da un giudice, ma dal capo della polizia preposta alla difesa dell'ordine pubblico, tre righe in cui si dichiarava che non potevo viaggiare perché accusata, in base all'articolo 152 del codice penale, di aver compiuto «atti scandalosi». In altre parole, i miei avversari mi vietavano di uscire dal paese. Lo scandalo erano i miei pantaloni, o quel divieto, in cui campeggiava un errore di ortografia che un ragazzino delle elementari non avrebbe commesso?

A quel punto non mi rimase che recuperare il mio passaporto e tornarmene a casa, dove, ovviamente, mi precipitai su internet. A Khartoum erano le cinque del mattino, ma un'ora dopo tutto il pianeta era stato informato dell'accaduto. A metà mattinata avevo già rilasciato una decina di interviste ad alcuni giornali e a un certo numero di radio e di televisioni. A fine giornata, invece dei soliti dieci minuti di intervento su di un'emittente araba, avevo totalizzato una decina di ore di interviste su emittenti del mondo intero. Quanto al mio avvocato, mi ha confermato che il divieto di uscire dal paese viene comminato in seguito a colpe gravi e che i decreti devono essere firmati dal giudice o dal ministro dell'Interno, in nessun caso possono portare la firma del capo della polizia. Ne dedussi che, in Sudan, portare i pantaloni è un crimine talmente grave da meritare di essere posto al di sopra delle leggi. A ogni buon conto, ringrazio colui che promulgò e firmò quel decreto, che mi permise di richiamare nuovamente l'interesse del mondo sul mio caso e, al di là del mio caso, sulle donne del Sudan e sull'assurdità di alcune leggi sudanesi.

Il 7 settembre mi recai in tribunale, accompagnata da un'ampia delegazione di sostenitori e da un buon numero di donne che intendevano manifestarmi pacificamente il loro appoggio. All'udienza assistevano anche parecchi ambasciatori di paesi occidentali; ancora una volta gli ambasciatori arabi e africani brillavano per la loro assenza, sebbene alcuni mi avessero manifestato telefonicamente il proprio appoggio, chiedendomi tuttavia di non fare il loro nome di fronte ai media...

Il giudice aprì l'udienza dando lettura della risposta del ministero degli Esteri al quesito posto il 4 agosto. Il ministero confermò che non godevo dell'immunità diplomatica. Non sono mai stata un diplomatico, in compenso avevo beneficiato di un'altra forma di immunità in quanto dipendente della sede locale dell'ONU, ma, evidentemente, si trattava di un genere di immunità cui non veniva fatto alcun riferimento né nel quesito del giudice né nella risposta del ministero. Non feci notare l'incongruità della cosa.

Subito dopo furono chiamati a deporre tre testimoni. Tutti e tre erano testimoni dell'accusa, tutti e tre erano agenti di polizia, tra cui il capo della squadra che mi aveva arrestata, colui che dapprima aveva condotto gli interrogatori di inchiesta e poi di controinchiesta, e che ora si presentava in veste di testimone. Tutti e tre si contraddissero allegramente a proposito della foggia e del colore dei miei abiti, colori troppo vivaci secondo uno, di un verde mela secondo un altro. Si misero d'accordo su un solo punto: il colore della mia biancheria, che, a loro dire, era beige.

«Sono davvero stupefacenti, questi uomini. Hanno forse dei raggi X al posto degli occhi?»

Il mio intervento intempestivo mi valse il richiamo del giudice. Mi ripromisi di tacere, ma andai fuori dai gangheri non appena sentii il testimone seguente affermare che, quella sera, avevo la pancia scoperta.

Ero disposta a rispettare il tribunale, ma a patto che si mostrasse degno di un minimo di rispetto.

«Mi sarebbe piaciuto avere la pancia scoperta, ma qualche chilo di troppo me lo impedisce» ribattei seccamente.

Il giudice finse di non sentire e chiamò a deporre il testimone successivo. Costui insistette sul colore beige della mia biancheria intima e il giudice gli chiese di indicare un qualsiasi oggetto di colore beige presente nella sala. Il testimone indicò una pinzatrice grigia. Colto dal dubbio, il mio avvocato prese la parola e gli indicò una camicia rosa. «Di che colore è?» chiese

«Turchese» rispose il testimone.

La scena era a dir poco irresistibile e non riuscii a trattenere una sonora risata. Il giudice mi rimproverò nuovamente e mi ordinò di tacere minacciando sanzioni. Dopodiché tornò a occuparsi del testimone, che ammise di non conoscere "tutti i colori", ma solo "alcuni", tra cui il verde e il beige. Scoppiai di nuovo a ridere sott' lo sguardo corrucciato del giudice.

Gli altri testimoni erano dello stesso stampo: tanto ridicoli da essere risibili. Il primo dichiarò che quella sera, a Oum Kalthoum, aveva visto uomini e donne ballare insieme, cosa proibita dalla legge.

«Perché non avete arrestato gli uomini che ballavano?» chiese il mio avvocato.

«Non abbiamo alcun ordine di arrestare gli uomini» rispose mellifluo il testimone.

Cominciavo a divertirmi, ma il mio avvocato era palesemente esasperato. Chiese che l'accusa fosse lasciata cadere, dal momento che i testimoni apparivano platealmente in contraddizione; come prevedibile l'avvocato dell'accusa si oppose. Il giudice sospese l'udienza per un'ora. Uscimmo tutti dalla sala.

Contavo di sfruttare quell'ora di sospensione per discutere con il mio avvocato. Non sapevo infatti che, mentre eravamo in udienza, la polizia se l'era presa con le donne che, davanti al tribunale, mi manifestavano la loro solidarietà. Ben quarantasette manifestanti erano state arrestate e portate in commissariato. Un testimone oculare mi descrisse le condizioni umilianti in cui erano state trasportate, stipate in una camionetta troppo piccola il cui autista si divertiva ad accelerare e poi frenare bruscamente; all'arrivo al commissariato alcune, mi disse, erano contuse. Quei poliziotti erano a conoscenza dell'*hadith* in cui, quattordici secoli prima, il profeta raccomandava ad alcuni carovanieri di non dimenticare di trasportare le donne con dolcezza, come se fossero fiale di profumo? Altri testimoni mi dissero che i poliziotti avevano voluto rinchiudere le donne in una cella particolarmente piccola, ma che le donne avevano protestato e ottenuto una cella un po' più grande, nella quale erano entrate intonando canti patriottici e inni alla libertà. Gli occhi mi si sono riempiti di lacrime.

Poiché il commissariato non è molto lontano dal tribunale, decisi di approfittare della sospensione dell'udienza per andarci, a piedi, ovviamente accompagnata da una delegazione di sostenitori, oltre che da un buon numero di cameramen. Strada facendo a noi si univano molti passanti. Ovviamente non ci fu permesso di entrare nel commissariato e dunque non mi rimase che inspirare profondamente, riempiendomi i polmoni di tutta l'aria che potevano contenere, e lanciare uno *youyou*, il più roboante che mai avessi lanciato. Le donne udirono il mio messaggio e mi risposero.

Poi tornammo tutti in tribunale, molto rapidamente per non perdere l'inizio dell'udienza. Mi aspettavo che il giudice chiamasse a deporre i testimoni della difesa. Invece prese la parola per lanciarsi in un lungo monologo da cui si deduceva che, in Sudan, l'equivalente dell'articolo 152 del codice penale esisteva già in passato; che articoli simili sono presenti nella legislazione di altri paesi e che, in ossequio a queste leggi, gli indumenti femminili non devono lasciare scoperto nulla a eccezione delle mani e del viso; in caso contrario si tratta di abbigliamento scandaloso, punito dalla legge.

Dovevo dunque ricordargli la lunga e ricca tradizione del nostro paese in fatto di abbigliamento? Il *rahab* delle spose, il *thob* tradizionale che, stando così le cose, era contrario alla legge? Mi sono cadute le braccia, ho preferito tacere.

Il giudice mi dichiarò colpevole dei reati che mi venivano contestati, ovvero colpevole di aver indossato i pantaloni.

«Ritenete di invocare delle attenuanti?» chiese.

«Chiediamo che vengano ascoltati i testimoni della difesa» rispose il mio avvocato.

Per tre volte il giudice fece la stessa domanda.

Per tre volte il mio avvocato diede la stessa risposta.

Quel dialogo tra sordi stava diventando interminabile.

Mi alzai: «No, vostro onore, non posso invocare alcuna circostanza attenuante».

No, non sono cristiana né minorenne, non sono originaria del Sud del paese e, anche in questo caso, sarei stata ugualmente condannata, così come fu condannata la ragazzina arrestata lo stesso giorno in cui fui arrestata io e che venne frustata.

Non fui condannata alla fustigazione, ma a un'ammenda di cinquecento lire sudanesi, che sarebbe stata commutata in un mese di prigione se mi fossi rifiutata di pagare.

«Vostro onore, non pagherò l'ammenda, andrò in prigione.»

La sera precedente, nel corso di un *iftar*, una cena di fine del digiuno che avevo organizzato nella mia casa di Khartoum, i membri del mio comitato di difesa avevano passato in rassegna tutti i possibili scenari, esaminando tutte le possibili alternative. All'unanimità decidemmo che, se fossi stata condannata a un'ammenda, non l'avrei pagata.

Attesi che il giudice uscisse prima di interpellare la sala, anche perché ero ancora sotto lo choc causatomi dalle affermazioni di uno dei testimoni. Davanti alla corte, costui aveva dichiarato senza la minima esitazione che, la sera dell'arresto all'Oum Kalthoum, io ero colei che indossava gli abiti più scandalosi.

«È curioso che coloro che vestivano abiti meno scandalosi siano state fustigate e condannate a pagare un'ammenda, mentre io me la cavo con una semplice ammenda, non è così? La legge è già sufficientemente ingiusta, senza che sia necessario aggiungere ingiustizia a ingiustizia applicandola in modo ingiusto!»

Nessuno mi rispose. La risposta mi giunse a metà settembre tramite nuove minacce: «Non rallegrarti troppo in fretta di non essere stata frustata questa volta. La volta prossima, invece di tre testimoni ne faremo venire quattro, e tutti giureranno di averti vista nuda in un luogo privato insieme a un uomo che è riuscito a fuggire. Allora sarai lapidata».

Questa minaccia la presi molto sul serio. Tutto è possibile in un paese in cui l'ordinamento giudiziario non permette all'accusato di difendersi...

Capitolo Nove

RITORNO A OMDURMAN

Fui condotta fuori dalla sala del tribunale in mezzo a due poliziotti e poi rinchiusa in una camionetta, in cui altre due condannate erano già in attesa. Il telefono cellulare non mi era stato sequestrato e io non evitai certo di utilizzarlo, rispondendo alle chiamate che si susseguivano ininterrottamente, chiamate di amici e di giornalisti, spesso sbalorditi nel costatare che avevo la possibilità di comunicare.

Come prevedibile, la prima domanda, che tutti mi ponevano, era perché mai avessi deciso di rifiutare di pagare l'ammenda.

La mia risposta era molto semplice: da un lato ritenevo di non aver commesso alcun reato che rendesse necessario il pagamento di un'ammenda; dall'altro, era il modo con cui cercavo di protestare contro quel tribunale che si era rifiutato di ascoltare i testimoni della difesa. Cosa che, peraltro, è di norma in questo genere di processi: gli accusati, e quanti pretendono di venire in loro aiuto, non hanno alcun diritto, se non quello di tacere. Stando così le cose, mi sarei scandalizzata se a me fosse stato concesso di costituire un'eccezione! Non derogando dalle procedure abituali, non lasciandosi impressionare dalla sfilza di ambasciatori, di rappresentanti della società civile e di difensori dei diritti umani, sudanesi e arabi, nonché di giuristi e di corrispondenti della stampa internazionale presenti all'udienza, il tribunale aveva svelato al mondo intero la realtà della nostra giustizia. E tutti coloro che avevano assistito al mio processo non avevano certamente mancato di rendersene conto.

Una volta di più mi profusi in ringraziamenti nei confronti delle autorità. Ringraziai la corte per avermi trattata esattamente come tutte le altre donne che, ormai da una ventina d'anni, vengono processate per questo stesso capo di imputazione. La ringraziai per aver allertato il mondo intero, ma soprattutto per aver allertato i sudanesi, che spesso ignorano la realtà di questo genere di processi. Quante famiglie sono state distrutte, quante donne sono state ripudiate perché, un giorno o l'altro, sono comparse davanti a un tribunale dell'ordine pubblico, il tribunale che difende la moralità! Coloro che hanno voluto ascoltarmi hanno potuto capire che le loro mogli, le loro sorelle, le loro figlie non sono delle colpevoli, ma delle vittime innocenti.

Ho lasciato il tribunale insieme alle mie due compagne di sventura, due donne d'affari di Khartoum. Tutte e tre siamo state caricate a bordo di una camionetta della polizia. Le due donne, che nelle ultime ore si erano divertite nel vedermi tanto indaffarata a rispondere al telefono, mi raccontarono la loro storia mentre venivamo condotte via dal tribunale. Entrambe erano state processate per lo stesso capo di imputazione: l'emissione di assegni scoperti. In questi casi la legge sudanese non si scompone minimamente: i colpevoli, uomini o donne, sono condannati a restare in prigione fino a quando non sia stata rimborsata la totalità della somma dovuta, che ci vogliano un paio di giorni o una dozzina d'anni, non importa. Con il risultato che, data la continua svalutazione della lira sudanese, spesso accade che, dopo alcuni anni, i creditori si ritrovino con importi a più zeri accreditati sul proprio conto, importi che però non valgono più nulla.

Eravamo soltanto in tre, cionondimeno per scortarci venne mobilitato un intero battaglione di agenti. Il grande scialle verde che mi era servito come velo il giorno dell'arresto e che, successivamente, avevo usato nel corso della maggior parte delle udienze in tribunale, era ormai diventato celebre. Così, per tutto il tragitto, che separa Khartoum da Omdurman, mi servì, seppure involontariamente, come segno di riconoscimento e negli ingorghi permise a pedoni e automobilisti di indovinare che nella camionetta c'ero io. Li vedevo farmi dei segni, tendere le mani verso di me formando con le dita la "V" della vittoria. Come descrivere il senso di pienezza da cui mi sentivo invadere? La certezza di aver riportato la vittoria nella prima battaglia, certamente la più ardua, mi faceva dimenticare la mia sorte. Quegli uomini e quelle donne che si fermavano per strada a salutarmi, quegli sconosciuti che mi sostenevano, salutavano e appoggiavano tutte le donne condannate per quello che, in Sudan, viene pomposamente definito «oltraggio alla moralità».

Erano le cinque del pomeriggio quando la camionetta si fermò davanti al grande portone della prigione femminile di Omdurman! Quante energie avevo inutilmente investito quando, nel periodo in cui tenevo la mia cronaca quotidiana ad «Al-Sahafa», avevo cercato di penetrare in quel carcere per il tempo necessario a un reportage! Allora le autorizzazioni mi erano state sistematicamente rifiutate! Ed ecco che la mia curiosità giornalistica veniva infine soddisfatta grazie a un paio di pantaloni divenuti un derisorio lasciapassare.

Fummo fatte scendere dalla camionetta, senza tuttavia essere ammanettate, e i poliziotti ci consegnarono direttamente alle nostre carceriere.

A dire il vero, la prigione di Omdurman non assomiglia a una vera e propria prigione. Costruita all'epoca della rivolta del Mahdi, alla fine del diciannovesimo secolo, ha conservato la sua poderosa cinta muraria, che pur non essendo alta quanto quella delle altre prigioni, è certamente molto più massiccia. In linea di massima ha conservato tutte le caratteristiche di un tempo, dal momento che, alle infrastrutture storiche, sono state aggiunte soltanto poche costruzioni a un solo piano. Queste costruzioni racchiudono un cortile molto vasto: gli edifici dell'amministrazione si trovano all'estrema sinistra, mentre di fronte alla porta ci sono una trentina di celle. A destra, un terzo del cortile è ricoperto da una tettoia, che forma una sorta di porticato, l'*hoch*, con il quale avrei ben presto avuto modo di familiarizzare.

Il pesante battente si era appena chiuso alle nostre spalle con un minaccioso fragore che le poliziotte cominciarono a compilare i nostri dossier. Faceva terribilmente caldo in quell'ultima giornata di digiuno e tutte noi avevamo la gola secca e la pelle irritata dalla sabbia del deserto. Poiché il mio turno tardava a venire, avendo visto una sedia sbilenca la tirai verso di me, mi sedetti e cominciai a fare alcune telefonate.

Fu allora che una delle carceriere mi richiamò: «Ehi, tu, la ragazza in pantaloni!».

Finsi di non capire che si rivolgeva a me. Tuttavia ero l'unica detenuta in pantaloni (i pantaloni "islamici" delle carceriere sono coperti da una tunica che arriva a metà polpaccio) e il mio comportamento la esasperò.

Mi richiamò dunque a voce più alta: «Ehi, tu che fai finta di non aver sentito, tu che sei seduta sulla sedia! Sei una carcerata, perché ti sei seduta? Alzati!».

Lentamente mi voltai verso di lei: «Sì?».

Furiosa per il mio comportamento, mi ordinò di prendere un secchio e di cominciare immediatamente a vuotare la fossa settica a cielo aperto, che si trovava a pochi metri da noi.

«Mi hai sentita?» mi urlò all'orecchio.

Fuori di sé, fremente, mi ripeté di andare a vuotare la fossa settica. Questa volta fui io a essere esasperata: «Ascoltami bene: sono stata condannata alla prigione, non ai lavori forzati».

«Ah, vedo che tu non ci conosci ancora» ribatté con un tono che voleva essere sarcastico.

«Non ancora, ma sono venuta in prigione per fare la vostra conoscenza» le risposi con lo stesso tono.

«Molto bene, saprò come punirti» concluse minacciosa.

Era arrivato il momento di compilare il mio dossier. Risposi alle prime domande, dichiarai il mio nome, la mia età, il mio indirizzo, alcuni dati riguardanti la mia famiglia. Poi si passò alla tribù di appartenenza.

A quel punto la mia risposta restò sempre la stessa: «Sudanese».

La carceriera insistette, e io feci altrettanto. Chiesi di vedere il dossier che stava compilando: vi compariva soltanto la voce "nazionalità". Sapevo che, da alcuni anni, sui documenti ufficiali la voce "nazionalità" aveva preso il posto dell'indicazione della tribù, tuttavia l'usanza continuava.

«La tribù di appartenenza non è affatto richiesta» le feci notare.

«Abbiamo ordine di richiederla» ribatté.

Su questo punto continuai a rifiutarmi di rispondere, pretendendo di attenermi strettamente al questionario ufficiale.

Si stava facendo tardi, il sole era quasi sul punto di tramontare, segnando la fine del digiuno. La carceriera sospirò, ma non insistette più.

Dopo l'interrogatorio ci fu la perquisizione, una perquisizione all'aperto, sotto gli occhi di tutti, senza neppure un minimo di intimità. Le mie due compagne di sventura furono perquisite prima di me e le due carceriere provarono un piacere folle nell'umiliarle, vuotando le loro borse e osservando malignamente: «Vieni in prigione portandoti il rossetto?» esclamarono con un risolino sarcastico rivolgendosi a una delle due, prima di gettare a terra lo stick e un tubetto di crema idratante e di affrettarsi a calpestarli sotto i tacchi delle scarpe con malevola soddisfazione.

Peraltro, non avrei tardato a scoprire che le carcerate avevano organizzato una sorta di "commercio", probabilmente con la complicità delle stesse carceriere, e che in prigione era facile procurarsi tutto quello di cui si poteva aver bisogno, non solo tè e sapone, ma anche rossetto, matite per gli occhi, cuscini o vestiti.

Quanto a me, fui perquisita dalla punta dei piedi alla radice dei capelli e fin dentro le orecchie. La mia borsa, in cui avevo messo un piccolo notes, una matita, qualche spicciolo e la carta di credito, mi fu restituita. Ovviamente il cellulare mi fu confiscato.

Aspettavo di conoscere la mia punizione e ben presto ebbi modo di conoscerla. In teoria, le carcerate che scontano pene brevi vengono assegnate all'*hoch* collettivo, dove sono stipate grosso modo settecento detenute; quelle invece condannate a pene di uno o due anni hanno diritto a essere alloggiate nelle celle. In pratica però non va affatto così: la suddivisione delle detenute avviene secondo il colore della pelle, ovvero in base alla loro "razza". Siamo tutte nere, ma quelle più nere sono assegnate all'*hoch*. Avendo una pelle tendente al color caffelatte, secondo questa ripugnante logica avrei dovuto beneficiare del "comfort" di una cella. Invece fui avviata all'*hoch* dalla responsabile dell'assegnazione, lei stessa nera come l'ebano, cosa che accrebbe il mio orrore e il mio profondo disgusto di fronte a quello che, a buon diritto, non può che essere definito razzismo.

Fui dunque punita venendo relegata "tra le nere", tra quelle come me. Andare in mezzo a loro non mi dispiacque affatto, soprattutto perché avrei potuto realizzare l'inchiesta che, quando ero giornalista, non ero mai riuscita a portare a termine. E volli salutare le mie sorelle secondo la tradizione. Non appena misi piede sotto il porticato lanciai uno *youyou*, superando così il confine tra le "vecchie" e la "nuova".

Gli *youyou* non si assomigliano affatto: ogni etnia, ogni tribù ha la propria intonazione, il proprio "accento". Le donne mi risposero, mi risposero tutte, tutte indistintamente, e in quel concerto di *youyou* si mescolavano tutti gli "accenti" del mio Sudan.

Le detenute dell'*hoch* del carcere femminile di Omdurman mi riservarono un'accoglienza indimenticabile. Tutte avevano sentito parlare della mia storia, eppure erano stupite di vedermi in mezzo a loro, io, la giornalista di Khartoum.

«Sei proprio tu, la ragazza con i pantaloni?!» mi dicevano abbracciandomi e baciandomi.

Sapevano perfettamente che, al di là della mia persona, era per tutte loro che mi stavo battendo.

L'*hoch* è un curioso luogo di detenzione: una vasta superficie in terra battuta, in cui non c'è nulla tranne ciò che appartiene alle detenute, perché portato loro dalle rispettive famiglie. Le più fortunate possiedono una coperta, talvolta un cuscino, alcune un pezzo di tappeto di iuta, liso e malandato, ma la maggior parte siede e dorme direttamente sulla terra battuta, avendo come unica protezione il proprio *thob*. Da parte mia, non avevo previsto di finire la mia giornata in prigione, innanzitutto perché non pensavo che il verdetto sarebbe stato pronunciato il giorno stesso, e anche perché presumevo di essere prosciolta, il che per le autorità sarebbe stato saggio, o di essere frustata come le altre malcapitate. E dunque, in quella situazione, il contenuto della borsa che avevo con me non serviva a nulla e l'ora delle visite era finita proprio quando ero entrata. Ma quelle donne del popolo, povere quanto generose, si affrettarono a offrirmi di condividere le loro coperte e i loro pezzi di tappeto. Stavamo persino per scoppiare a ridere quando la carceriera venne a mettere fine a quell'allegra confusione. La carceriera scelse l'angolo che, da quel momento in poi, doveva essere il mio "posto".

Il sole stava tramontando e, mentre la penombra si infittiva, ci venne portato l'*iftar*, il pasto che segna la fine del digiuno. Era un pasto semplice, ma molto buono, con generose porzioni di carne e di riso, focaccette di pasta di pane, insalata, latte fermentato, datteri e una grande quantità di bibite e di dissetanti succhi di frutta. Insomma, si trattava dell'*iftar* tipico delle famiglie sudanesi, lontano dall'opulenza mal riposta degli *iftar* offerti con ostentazione dai nuovi ricchi e dagli alti papaveri del regime. A dire il vero, ero fortemente sorpresa da questa delicata attenzione delle autorità carcerarie, sorpresa anche dalla gentilezza delle carceriere che servivano le detenute con un sorriso, fornendo un piatto o un bicchiere a quelle troppo povere per possederli. Stavo già per cominciare a tessere le lodi delle autorità quando scoprii l'origine di quel pasto.

Da anni, mi fu detto, durante il mese del ramadan, un benefattore anonimo offre quotidianamente l'*iftar* a tutte le detenute di Omdurman. Nella prigione nessuno conosce il suo nome, lo sconosciuto non vuole farsi conoscere, ma solo essere in pace con il suo Dio. Che differenza con i nostri politici che, durante il ramadan, gettano pochi datteri agli indigenti facendosi accompagnare da decine di giornalisti e di cameramen! Immaginai che il generoso benefattore fosse un sufi o comunque un uomo molto vicino ai sufi.

Dopo la cena, mi preparai a trascorrere la notte nell'*hoch* grazie all'aiuto delle mie nuove amiche, che avevano davvero la mano sul cuore: mi offrirono una coperta, un cuscino, un *thob* nuovo e confortevole e persino un tappetino da preghiera! Mi sistemai in mezzo a loro, per terra, io che, nel corso della mia carriera di giornalista, tante volte mi ero seduta per terra e in condizioni assai più scomode. Dormire all'aperto, sotto le stelle, non mi spiaceva affatto, tutt'altro. Passammo la serata piacevolmente: le mie compagne mi offrirono bicchieri di tè e di caffè, che bevvi senza neppure una smorfia sebbene il caffè non mi piaccia.

Non mi stupì scoprire che, tra quelle infelici, molte erano venditrici di tè, arrestate sulla pubblica via e condannate, con un procedimento sbrigativo, alla fustigazione e a un'ammenda che non erano in grado di pagare. Anch'esse non avevano avuto il diritto di difendersi, anch'esse non avevano avuto il diritto di procurarsi una copia della sentenza. Alcune erano accompagnate dai loro figli in tenera età, perché, non disponendo di qualche famigliare che potesse prendersene cura, non avevano altra scelta. Altre avevano partorito in prigione, dove una levatrice è in servizio giorno e notte. Per la prima volta ebbi una lunga conversazione con una donna proveniente da una di quelle tribù che, tradizionalmente, producono alcol. Scoprii che era una buona musulmana, che digiunava, pregava regolarmente e aveva fede in Allah. In ogni caso, anche se, invece di smerciare alcol, avesse venduto tè, sarebbe stata arrestata ugualmente e gettata in prigione. Incontrai anche una delle nostre vicine di quando abitavamo a Omdurman, incarcerata per una banale lite di quartiere. Chiesi notizie della sua famiglia, e lei chiese notizie della mia. Fu una serata piacevole. Ero felice.

Le detenute mi raccontavano le loro storie, storie che rivaleggiavano in assurdità. Una di loro era stata condannata perché un nipote, che ospitava nella sua casa, aveva ricevuto una compagna di università. La polizia, che aveva fatto irruzione nella sua povera casa, non li aveva affatto trovati in atteggiamento compromettente, tuttavia era stata arrestata con l'accusa di favoreggiamento della prostituzione.

Un'altra camminava per la strada senza una meta precisa: arrestata per adescamento.

Alcune etiopi e un certo numero di eritree erano state rinchiuse perché prive di permesso di soggiorno.

Una studentessa di diciannove anni, una cristiana del Sud, era stata arrestata perché portava i pantaloni, condannata a venti colpi di frusta e fustigata seduta stante. Ma il suo carnefice aveva affermato che, durante la fustigazione, la ragazza lo aveva insultato. La poveretta non ebbe il diritto di esprimere il proprio punto di vista, e fu condannata a tre mesi di reclusione e a un'ammenda. Ovviamente perse l'intero anno universitario.

Alcune delle detenute con cui chiacchieravo erano state arrestate verso la fine della settimana, ovvero di giovedì, venerdì o sabato. Tre giorni durante i quali, salvo crimini gravissimi, l'arresto degli uomini è vietato dalla legge sudanese, persino quando nei loro confronti esista un mandato di arresto, firmato e timbrato dalle autorità. In compenso, la stessa legge autorizza l'ultimo dei poliziotti ad arrestare per strada qualsiasi donna ritenga colpevole di violare l'articolo 152 del codice penale e, immediatamente, a portarla in commissariato. Lì la malcapitata resta in attesa dell'inizio della settimana e della riapertura, la domenica, dei tribunali per esservi prontamente giudicata e condannata. Se si considera che in questi commissariati accade spesso che degli uomini muoiano durante gli interrogatori, per le torture cui vengono sottoposti, si può solo immaginare quali sevizie possano essere inflitte alle donne! Personalmente non ho nulla contro il fatto che sia possibile effettuare arresti nel fine settimana, quello che mi risulta insopportabile è che in quei giorni possano essere arrestate soltanto le donne.

Raccontai la mia storia alla vicina di coperta, e lei mi raccontò la sua, facendomi comprendere una volta di più quanto sia schiacciante il peso della tradizione che ancora grava sulla nostra società. La figlia di questa donna aveva firmato, contro la propria volontà, un contratto di matrimonio con un cugino. La ragazza però amava un altro uomo e, alcuni giorni prima che la coppia andasse ad abitare sotto lo stesso tetto, aveva chiesto al marito di ripudiarla. Costui rifiutò. Per giunta aveva l'appoggio dei parenti della sposa. La ragazza fuggì allora con l'uomo che amava. Per un anno e mezzo i due figli della mia compagna di detenzione diedero la caccia alla sorella. Infine la ritrovarono, insieme all'uomo con cui era fuggita. Incatenarono i due innamorati e li riportarono alla madre, che tagliò le orecchie dell'amante della figlia prima di trascinarlo, con in mano le orecchie mozzate, al commissariato di polizia. Tutti e tre furono condannati a pene molto leggere, ed io non chiesi che fine abbia fatto la ragazza. La mia vicina non mancò di sottolineare che, in altre tribù, l'usanza avrebbe imposto che i due amanti fossero uccisi, mentre nella sua non era così. Mi astenni da qualsiasi commento e bevvi il tè insieme a lei.

Incontrai anche donne condannate dai "tribunali dei sultani", i tribunali tradizionali delle etnie del Sud dove ciascuna tribù è "governata" da un sultano. L'istallazione, nel Nord, di questi tribunali è stata decisa in seguito al crescente afflusso di profughi provenienti dalle regioni del Sud. Coloro che sono condannati da questi tribunali vengono rinchiusi nelle prigioni dello stato. La mia "punizione" si stava trasformando in una ricompensa: scoprivo la ricchezza di un universo sconosciuto.

Fu a quel punto che tornò la carceriera, che mi ordinò di prendere le mie cose e di seguirla. Non avendo scelta, dissi arrivederci alle mie compagne e ubbidii. La carceriera mi condusse in una cella che doveva ospitare otto detenute, ma poiché la scarcerazione dell'ottava era stata ritardata, mi portò in un'altra in cui eravamo soltanto in tre. La "popolazione" di queste celle è molto diversa da quella dell'*hoch*, e lo stesso vale per il comfort. Mentre le settecento detenute dell'*hoch* non dispongono di alcun genere di mobili e devono accontentarsi di un solo televisore – le più "ricche", vale a dire quelle che possiedono una radio, la mettono a disposizione anche delle altre –, le privilegiate occupanti delle celle dispongono di letti, coperte, cuscini e ventilatori. A questo arredamento, fornito dall'amministrazione carceraria, si aggiungono i frigoriferi e i televisori con parabole satellitari procurati dalle detenute stesse. Le mie nuove compagne mi accolsero amichevolmente e mi offrirono il tè. Mi sembrò di andare indietro nel tempo e di tornare nuovamente nella residenza per studentesse di Wad Madani. Pertanto, come facevo allora, dopo aver bevuto il tè mi diressi verso il lavandino per lavarmi il bicchiere.

«Non scomodarti, domani verrà la domestica» mi disse una delle mie nuove compagne.

Ovviamente la "domestica" era una delle detenute dell'*hoch* che, in cambio di pochi spiccioli, molto apprezzati dalla sua grande povertà, si metteva al servizio di queste signore, perlopiù donne d'affari di Khartoum, arrestate per reati finanziari. La "domestica" poteva entrare nella cella a piacimento, dal momento che le porte non erano mai chiuse a chiave. Inoltre si premurava di informarsi delle esigenze delle signore mentre andava o tornava dalla moschea, situata in fondo alla veranda su cui si affacciano le celle.

Le mie nuove compagne erano simpatiche, ma in loro non ritrovai il calore che avevo lasciato nell'*hoch*. Evidentemente avevano sentito parlare del mio caso, di cui avevano seguito gli sviluppi grazie alla televisione. Non rivelerò il modo con cui, quella sera, mi misi in contatto, dall'interno della prigione, con il corrispondente, in Sudan, di un'emittente televisiva e di una radio arabe. Non lo rivelerò perché un giorno potrei averne nuovamente bisogno... In ogni caso, intervenni in diretta, in quella televisione e in quella radio, per raccontare il seguito delle mie peripezie. Nel corso dell'intervista temevo l'incursione delle carceriere, ma sembra che non guardassero i notiziari perché potei completare i miei interventi senza essere interrotta.

Quando venne il momento di andare a dormire, una delle mie compagne di detenzione mi chiese gentilmente se volessi essere svegliata per la preghiera dell'alba. Ringraziai, ma declinai l'offerta perché ero troppo stanca. Ciononostante, alle tre del mattino il mio risveglio fu brutale. Quattro donne, di cui una ufficiale e tre soldatesse, mi tirarono giù dal letto e iniziarono una perquisizione estremamente approfondita del mio materasso, del mio cuscino e di tutti gli angoli della mia stanza: cercavano l'apparecchiatura che avevo utilizzato per le due interviste. Probabilmente i loro superiori le avevano rimproverate e tutte e quattro erano di pessimo umore. Mi interrogarono per un'ora intera, ma a tutte le loro domande la mia risposta non variava mai: «Non perdete il vostro tempo, non ho alcun telefono portatile. La tecnologia si è evoluta e per comunicare ci sono altri mezzi».

Quando finalmente si chiusero la porta alle spalle, le detenute si dirigevano in processione alla moschea per la preghiera dell'alba, la prima della giornata. Rimpiansi di non essere rimasta all'*hoch* e di non aver potuto continuare ad ascoltare le loro storie.

Alle sette del mattino fui di nuovo svegliata per l'appello. In attesa che arrivasse l'ora delle visite, iniziai a esplorare quel luogo destinato a diventare il mio universo per un mese intero, quanto doveva durare la mia condanna. L'*hoch* aveva assunto l'aspetto di un bazar, percorso da venditrici che si aggiravano tra le detenute con il loro carico di abiti e di oli per i capelli, oltre che dei giornali del mattino. Le venditrici di tè erano all'opera e alcuni marmocchi correvano tra le detenute sdraiate sotto le loro coperte. Non mi ci attardai, ripromettendomi di tornarci, dal momento che il tempo non mi sarebbe certamente mancato. Attraversai dunque la veranda, passai davanti alle celle, spinsi la porta della moschea e quella della chiesa, poi mi diressi verso il laboratorio dove le detenute che lo chiedono possono imparare i rudimenti del cucito e di qualche lavoro di artigianato.

In mezzo al cortile era stata drizzata una grande tenda, cui tuttavia il giorno precedente non avevo dedicato molta attenzione. La tenda era quasi deserta, entrai. Devo ammettere che rimasi decisamente perplessa alla vista degli utensili sofisticati disposti sui piani di lavoro, utensili destinati alla preparazione di torte, pasticcini e pizze. L'istallazione, offerta da una società privata, aveva come obiettivo il reinserimento professionale delle detenute. Di per sé l'iniziativa era lodevole, tuttavia mi fece irresistibilmente pensare alla regina Maria Antonietta che, durante la rivoluzione francese, di fronte alle folle affamate dichiarava: «Se non hanno pane, mangino brioche!». Le donne più povere, quelle che hanno disperatamente bisogno di imparare un mestiere, spesso non hanno elettricità né in casa propria né nel vicinato. Che cosa possono farsene di un frullatore elettrico? Dove troveranno un forno in cui regolare la temperatura al grado desiderato? Nelle regioni in cui abitano, non si sa se "vaniglia" sia il nome di un farmaco o di un animale, e non si è mai sentito parlare di pizza. E anche ammesso che, per miracolo, riuscissero a confezionare pasticcini e sfogliatine alla crema, chi le acquisterebbe? Queste prelibatezze sono lontane anni luce da quello che si gusta e si apprezza nei loro ambienti! Peraltro, le donne più derelitte non frequentano affatto il laboratorio di pasticceria o di panetteria. Semmai sono le carceriere che vi si recano talvolta, o magari le "signore" delle celle che, all'uscita dal carcere, potranno così arricchire di qualche nuova ghiottoneria i pomeriggi con le amiche.

Peraltro, rimasi stupita, e nel contempo divertita, nel constatare l'efficienza caritativa che ruota attorno alla prigione. Medicine, abiti e persino alimenti arrivano in grande quantità, inviati da organizzazioni benefiche o da privati. Molte di queste organizzazioni sono etichettate come cristiane o musulmane, ma i doni sono ripartiti senza alcuna distinzione di tipo religioso. Persino le donatrici, che vengono personalmente a consegnare i pacchi dono, non chiedono mai quale sia la religione o l'etnia delle beneficiarie. La cosa può sembrare banale sotto altri cieli, ma in Sudan è un segno di speranza. Ho anche visto, e la cosa mi ha commossa profondamente, delle benefattrici offrire alle più povere il bene più insperato: l'ammontare dell'ammenda che permette di riacquistare la libertà. Queste ammende possono apparire irrisorie secondo i criteri occidentali: cinquecento lire sudanesi, ovvero duecento dollari, per aver indossato i pantaloni; meno della metà per la vendita di tè; quasi il doppio per la fabbricazione di alcolici. Peraltro l'ammontare dell'ammenda non è fisso, ma dipende semplicemente dall'umore del giudice. Ora, cinquecento lire sudanesi sono l'equivalente di più di mille tè per la venditrice di strada. Sono lo stipendio mensile di un insegnante a Khartoum, che è meglio pagato di un insegnante di provincia. Sono più di due mesi di salario per quanti, uomini e donne, lavorano nelle case private, provvedendo alla cucina, alle pulizie e agli altri lavori domestici.

Il mio giro di ispezione della prigione fu interrotto dall'inizio dell'orario delle visite, visite che normalmente avvengono in un parlatorio in cui il visitatore è chiuso dietro un'inferriata e il detenuto è libero di circolare nel cortile. Io però non ebbi il diritto di godere di questo privilegio: mia zia, alcuni parenti e alcuni amici si alternarono in un ufficio dell'amministrazione e le nostre conversazioni avvennero sotto l'occhio vigile di una carceriera. Mi fu portato il "corredo" della perfetta detenuta: del sapone, delle coperte di cui si prevede di non sapere che farsene, dei cuscini e dei vestiti di ricambio. Scoprii che altri visitatori erano stati respinti all'ingresso: in particolare era stata allontanata mia madre, cui venne vietato di far visita alla figlia. Perché? Mistero. A coloro cui era stato concesso di incontrarmi raccontai la mia nuova vita: inutile dire che rimasero sbalorditi dal mio entusiasmo.

Nelle prime ore del pomeriggio il mio interrogatorio riprese, questa volta nell'ufficio della direttrice della prigione e in presenza di un pezzo grosso dell'amministrazione penitenziaria, venuto appositamente da Khartoum.

«Non ho alcun telefono, la tecnologia si è evoluta, aggiornatevi» dissi loro con tono di sfida.

Poi mi chiusi nel mio silenzio. Dopo avermi informata dell'imminenza di gravi sanzioni per aver violato le regole della prigione, mi permisero di tornare nel cortile. Prima di andarmene non avevo tuttavia resistito alla tentazione di chiedere loro di farmi avere una copia del regolamento interno, perché potessi adeguarmici.

In seguito appresi che si era deciso di farmi scontare il resto della pena in isolamento.

Non so in che modo, in Sudan, circolino le informazioni, so però che circolano molto rapidamente, a tal punto che talvolta la strada le conosce ancor prima che siano diffuse dai media. A ogni buon conto, già da metà giornata nella prigione circolavano voci sempre più insistenti e alcune detenute mi rivolgevano la parola per porgermi le loro felicitazioni: «Sarai liberata prima del tramonto».

Io non sapevo nulla; al contrario, l'interrogatorio mi aveva confermato che la mia liberazione era tutt'altro che vicina. Sorvolai dunque su quelle voci.

Richiamata poco dopo nell'ufficio della direttrice, mi aspettavo che mi venissero notificate le sanzioni che mi erano state preannunciate, sanzioni che prevedevo fossero severe. Rimasi dunque di stucco non appena mi fu comunicato che sarei stata liberata in seguito a un'ordinanza del tribunale. Chiesi che me ne fosse consegnata una copia, che ovviamente mi fu rifiutata. Potei a malapena darle uno sguardo: era firmata dallo stesso giudice che mi aveva condannata. Incuriosita, chiesi se fosse stata pagata l'ammenda fissata dal tribunale e la direttrice mi assicurò che il pagamento le sarebbe stato notificato.

Scortata da due poliziotti, tornai nella cella per recuperare i miei pochi effetti personali. Evidentemente la notizia si era ormai propagata, infatti le altre detenute erano tutte lì per salutarmi. Pensai di raggiungere immediatamente il portone d'ingresso, attraverso cui ero entrata il giorno precedente, ma mi fu detto di avere ancora un visitatore. Probabilmente il visitatore era il proprietario della limousine nera parcheggiata nel cortile!

In effetti, nell'ufficio da cui ero uscita poco prima, mi attendeva il presidente della federazione dei giornalisti, accompagnato da una delegazione di membri della federazione stessa. Li ringraziai cortesemente per la visita, ma declinai l'offerta di lasciare il carcere insieme a loro, nella limousine.

«Preferisco andarmene con i miei mezzi» dissi loro.

Li avevo offesi, questo era certo. Peraltro, lo avevo fatto in tutta innocenza: ignoravo che le telecamere della televisione di stato fossero state mobilitate per immortalare la mia uscita dal carcere a bordo di quella vettura ufficiale. Me ne resi conto soltanto quando, uscendo dalla prigione a piedi, con gli effetti personali sotto il braccio, vidi alcuni poliziotti impedire a quelle stesse telecamere di filmare.

Alcune colleghe, cui era stato impedito di farmi visita, attendevano pazientemente davanti alla porta del carcere di Omdurman, sperando di riuscire ugualmente a incontrarmi. Mi unii a loro. Insieme ci recammo alla sede del giornale «Airass al-Hurriya», dove era stato organizzato il comitato che mi aveva appoggiato e che oltre a me aveva difeso altre donne. Vi era anche stata fondata l'associazione "No all'oppressione delle donne". Strada facendo appresi che la federazione dei giornalisti, schierata con il potere di cui, per giunta, è completamente succube, aveva pagato l'ammenda cui ero stata condannata, permettendo la mia liberazione.

Che iniziativa ridicola! Le autorità pensavano davvero che così facendo sarebbero riusciti a mettere la parola fine "all'affaire Lubna al-Hussein"?

Nella sede del giornale era stata organizzata una conferenza stampa. Con un discorso che, devo ammettere, era ormai ripetitivo, ringraziai le autorità e il tribunale perché, allungando tempi e procedure, mi avevano dato la possibilità di far conoscere al mondo intero la realtà sudanese. Terminati i ringraziamenti annunciai che la mia battaglia non era affatto terminata, né la battaglia mediatica, né quella giudiziaria, poiché intendevo presentare appello contro il verdetto del giudice. Una battaglia, la mia, il cui fine ultimo è che il popolo sudanese, un popolo buono, generoso e pacifico, trovi infine i governanti che merita.

Sono stata dichiarata colpevole di portare i pantaloni, il mio casellario giudiziale non è più vergine: ormai è stato stabilito che ho offeso la morale pubblica. Tuttavia continuo a non comprendere quale reato io abbia commesso...

Epilogo

«I vestiti che indossi sono indecenti?»

Con gli occhi pieni di lacrime, con voce tremante e appena udibile, la ragazza rispose: «Sì».

Avrebbe risposto "sì" anche se le avessero indicato il sole e le avessero chiesto se fosse un pezzo di focaccia.

Il suo interrogatorio fu limitato a quest'unica domanda. Fu così anche per le altre accusate. Ed è così da vent'anni per decine di migliaia di accusate.

Eccola lì, questa adolescente, davanti al suo giudice, senza avvocato, in un tribunale in cui gli avvocati non sono graditi, un tribunale che non ha bisogno di testimoni, un tribunale che non invia alcuna convocazione scritta. Un tribunale i cui soli attori sono il giudice, l'accusata e l'accusatore, mentre quest'ultimo è anche colui che ha arrestato l'accusata; se ce n'è bisogno è il procuratore, ed è l'unico testimone. L'accusata è invece il cadavere che il giudice e il poliziotto si accingono a sezionare.

La ragazza è in piedi nella sala delle udienze, sola davanti ai due uomini. Accanto alla porta della sala, un uomo è seduto per terra: ha la schiena curva, schiacciata dal peso della scena.

Alza le mani al cielo: «Allah, fa loro subire quello che fanno subire alle nostre figlie».

Questa preghiera la ripete tre volte. Il sudore cola sul suo viso in questa giornata canicolare. È il 5 luglio del 2009, a Khartoum.

Sono passata accanto a lui, sono in attesa di essere interrogata e giudicata. Sul suo viso c'è sudore o lacrime? So che Allah ascolta la sua preghiera.

Gli parlo, l'uomo singhiozza: «Il fratello maggiore stava per ucciderla. Per grazia di Allah, io ero presente».

Mi racconta la sua storia: le nozze a cui si era recato insieme alle tre figlie, tre adolescenti, e ai due figli più piccoli; il ritorno in taxi, le canzoni egiziane che dilagano dal ristorante Oum Khaltoum e inondano la via. Si tratta di un disco o di un cantante in carne e ossa? Disco o cantante? Le ragazze non sono d'accordo e scommettono tra di loro una ricarica del telefonino, una piccola ricarica da quattro dollari. Il padre accetta di far fermare il taxi per qualche minuto, il tempo necessario perché entrino nel ristorante Oum Khaltoum insieme ai due fratelli, così da scoprire chi abbia vinto la scommessa. Attende per qualche secondo o per qualche minuto? La polizia della moralità pubblica arriva in forze. Blocca gli accessi a Oum Khaltoum. Più tardi, molto più tardi, l'uomo è ancora nel taxi. Due delle tre figlie escono insieme ai fratelli, ma la terza no: quella sera portava i pantaloni.

Per una scommessa da quattro dollari è stata condannata a un'ammenda di cento dollari e a dieci colpi di frusta. Il fidanzato l'ha lasciata, il fratello ha cercato di ucciderla. È stata arrestata la sera stessa in cui sono stata arrestata io e condannata due giorni dopo. La poveretta non riesce a riprendersi.

Questa è la legge in vigore in Sudan, la legge che viene applicata a Khartoum. Non oso pensare alle leggi che vengono applicate alle donne del Darfur...

Le nostre leggi, ammesso che possano essere definite leggi, non si limitano all'articolo 152 del codice penale del 1991, che fissa a quaranta frustate il "prezzo" che deve pagare la donna che indossa i pantaloni. In questo codice sono contenuti molti altri articoli strani, articoli dotati di appendici sul modo di mozzare il naso, amputare le gambe, tagliare il pene, rompere le braccia! L'articolo 148 punisce gli omosessuali con cento frustate, lo stesso "prezzo" dei violentatori, ovvero "due paia e mezzo di pantaloni". Quanto al "prezzo" dell'amore tra due adulti, consenzienti ma non sposati, è molto elevato: la lapidazione.

L'articolo 154 è decisamente strambo: afferma che tutti gli uomini e tutte le donne, presenti nello stesso luogo senza essere legati da matrimonio o da vincoli di sangue, sono in stato di peccato, nella misura in cui uno degli uomini «potrebbe compiere un atto sessuale». Ma qui siamo ai confini dell'assurdo!

La battaglia sarà ardua, ma non è persa in partenza. Ho vinto la prima manche quando mi sono conquistata la società, quando le ho aperto gli occhi: queste donne non sono colpevoli, sono vittime; queste donne non sono cattive, non sono oscene. È la legge a essere cattiva e oscena.

Fino a ieri, sui giornali i processi alle donne nei tribunali preposti alla difesa della morale pubblica occupavano, nel migliore dei casi, un piccolo spazio nelle pagine di cronaca giudiziaria, a meno che la donna fosse un personaggio noto. Oggi i processi di cui sono vittime le donne riempiono la prima pagina dei giornali, anche quando si tratta di perfette sconosciute. Ieri poche righe stigmatizzavano l'oscenità dei condannati. Oggi molti articoli denunciano l'oscenità della legge e dell'istituzione giudiziaria. Ieri le famiglie erano sommerse dalla vergogna, oggi accade che spesso siano sommerse da messaggi di appoggio e solidarietà.

Il cambiamento non avverrà dall'oggi al domani, il cammino è lungo, ma lo abbiamo intrapreso. Un passo dopo l'altro, usciremo dall'estremismo, dall'integralismo, raggiungeremo l'obiettivo che non consiste nel diritto di portare i pantaloni, ma nel diritto alla libertà, a cominciare dalla libertà dell'abbigliamento. L'obiettivo è la fine dell'oppressione delle donne. È il diritto all'uguaglianza davanti alla giustizia, il diritto a una vera giustizia, il diritto, persino per un criminale, di difendersi. È far sì che la legge sia in conformità con la costituzione, con i diritti umani e persino con la religione. Perché la nostra legge va contro la religione inventando testi che non esistono. Né il Corano né gli *hadith* parlano di punire il modo in cui ci si veste. E se il nostro stato nutre un così profondo interesse in proposito, perché non designa, tanto per cominciare, un ministro dell'Abbigliamento e della Sartoria, esattamente come esiste un ministro dell'Agricoltura o un ministro del Petrolio...

Ho sporto denuncia contro il presidente del parlamento sudanese. Aveva fatto il mio nome nel corso di un'intervista, rilasciata a un giornale, in cui precisava che l'articolo 152 del codice penale viene applicato a Khartoum e in alcune prefetture, ma non nel resto del paese. In questa intervista affermava inoltre che, al momento dell'arresto, il mio comportamento era indecente e che il mio abbigliamento offendeva la moralità e i valori sudanesi. Ora, ho avviato una procedura di annullamento del mio processo, e il suo intervento può influire sull'andamento della procedura. Il seguito di questa azione? È ridicolo. Mi sono recata in parlamento, vi sono entrata grazie al mio tesserino di giornalista e ho spiegato la mia posizione ai deputati presenti. Da allora i giornalisti, soprattutto se donne, all'ingresso del parlamento sono sottoposti a un controllo estremamente minuzioso.

Quanto alla mia denuncia, è stata respinta in ragione dell'immunità di cui beneficia il presidente del parlamento. È stata respinta provvisoriamente e io avvierò la procedura di ricorso affinché gli venga tolta l'immunità.

Devo riuscirci.

In caso contrario, contro quali muri cozzeranno le vittime del Darfur quando vorranno, anche loro, sporgere denuncia contro importanti esponenti dell'apparato statale per le deportazioni, gli stupri, gli assassini e gli altri crimini contro l'umanita? Sono casi in cui i muri dell'immunità dovranno necessariamente crollare.

Il 22 ottobre 2009, nel tribunale della moralità pubblica di Khartoum erano in due. Due donne ingegnere. Erano state arrestate la sera stessa in cui ero stata arrestata io a Oum Kalthoum, e il loro processo era stato differito perché avevano un avvocato. Nell'udire la lettura della condanna, la prima crollò davanti al giudice. Attorno a lei c'erano delle donne, l'hanno rialzata, hanno asciugato le sue lacrime.

La battaglia deve continuare, perché quelle lacrime non devono più cadere.

Vivo sotto la minaccia di un nuovo arresto, di una nuova condanna, ma non ho paura. Perché dovrebbero arrestarmi? In Sudan bisognerebbe piuttosto chiedersi perché "non" dovrebbero arrestarmi!

Il 30 ottobre 2009, bevevo un tè presso una venditrice di strada insieme a Djénane Kareh Tager, che mi ha aiutata a scrivere questo libro. Il sole non era ancora tramontato e un fotografo, che ci accompagnava, scattava alcune fotografie alla venditrice, a cui avevo precedentemente chiesto il permesso. Un responsabile della sicurezza dello stato, vestito con l'abito bianco tradizionale e non con l'uniforme, si avvicinò infuriato, proibendoci di fotografare. Gli chiesi quale legge lo proibisse.

«Sono un colonnello!»

Fu quella la sua sola risposta, come se il suo grado valesse quanto la legge.

«Tu vuoi far ballare il governo» aggiunse poi puntando l'indice contro di me.

Infine chiamò una pattuglia di polizia che, stranamente, si trovava sul posto, pronta a intervenire. E infatti intervenne brutalmente, portandomi al commissariato. Qui mi accusò con queste parole: «Ha detto che vuol far ballare il governo».

Contro di me furono prodotti tre capi d'accusa: avevo scattato delle fotografie, avevo minacciato il governo e offeso la morale pubblica. In assenza di uno specifico articolo di legge, la prima accusa fu lasciata cadere. Quanto alle altre due, mi voltai verso gli uomini che mi avevano arrestata: «Sulla vostra anima, in tutta coscienza, e davanti ad Allah, ho pronunciato questa frase?».

Probabilmente quella volta mi sono imbattuta in persone perbene che si sono rifiutate di giurare il falso.

Fui liberata dopo tre ore di interrogatorio e di trattative, ma so che altri uomini saranno pronti ad affermare, sotto giuramento, tutto quello che verrà loro chiesto.

Sono minacciata. Probabilmente sono minacciata di morte. E allora? Mi verrà tolto un giorno alla durata di vita che Allah mi ha concesso? Tanto peggio. In questo caso sono pronta a morire per la mia battaglia.

Indice

Premessa 5

1. I miei pantaloni 7
2. Omdurman, un'infanzia sudanese 24
3. La fine di un mondo 43
4. Wad Madani o la ricerca della libertà 60
5. No! 77
6. Abdel-Rahman 93
7. Storie di donne e di vestiti 118
8. Quaranta frustate per un paio di pantaloni 137
9. Ritorno a Omdurman 164

Epilogo 184

Stampa: Mondadori Printing S.p.A. - Stabilimento NSM - Cles (Trento)